Rogério de Simone e Rogério Ferraresi

Clássicos do Brasil

CHEVETTE

EDITORA ALAÚDE

O texto deste livro foi fixado conforme o acordo ortográfico vigente no Brasil desde 1º de janeiro de 2009.

PRODUÇÃO EDITORIAL:
Editora Alaúde

REVISÃO:
Cássio Yamamura

CONSULTORIA TÉCNICA:
Bob Sharp e Fábio de Cillo Pagotto

IMAGEM DE CAPA:
Marcelo Resende e Bira Prado

IMPRESSÃO E ACABAMENTO:
Ipsis Gráfica e Editora S/A

1º edição, 2015 (1 reimpressão)

Dados Internacionais de Catalogação na Publicação (CIP)
(Câmara Brasileira do Livro, SP, Brasil)

Simone, Rogério de
Chevette / Rogério de Simone e Rogério Ferraresi . -- São Paulo : Alaúde Editorial, 2015. --
(Coleção Clássicos do Brasil)

ISBN 978-85-7881-291-1

1. Automobilismo - História 2. Chevette (Automóvel) 3. Chevette (Automóvel) - História 4.General Motors do Brasil
I. Ferraresi, Rogério. II. Título. III. Série.

15-05672 CDD-629.22209

Índices para catálogo sistemático:
1. Chevette : Automóveis : Tecnologia : História 629.22209

2017
Alaúde Editorial Ltda.
Avenida Paulista, 1337
conjunto 11, Bela Vista
São Paulo, SP, 01311-200
Tel.: (11) 5572-9474
www.alaude.com.br

Compartilhe a sua opinião
sobre este livro usando a hashtag
#ClássicosDoBrasil
#ClássicosDoBrasilChevette
nas nossas redes sociais:

/EditoraAlaude
/EditoraAlaude
/AlaudeEditora

SUMÁRIO

CAPÍTULO 1

A ORIGEM

O SONHO DE BILLY DURANT

Considerada uma das maiores companhias do mundo, a General Motors (GM) surgiu graças a um empreendedor visionário de Boston, no estado americano de Massachusetts, chamado William Crapo Durant, também conhecido como "Fabuloso Billy". Nascido em 8 de dezembro de 1861, Billy era neto de um governador de Michigan, Henry H. Crapo e, tendo desde cedo tino comercial, largou os estudos em 1890 para se tornar o maior construtor de carruagens de seu tempo.

Percebendo que o futuro dos transportes estava nos automóveis, em 1904 ingressou na Buick como gerente geral e logo se tornou presidente da empresa. Quatro anos depois, em 1908, Benjamin Briscoe, da Maxwell-Briscoe Motor Company, informou a Billy que um dos maiores acionistas de sua empresa, George Perkins, pretendia fundir as maiores fábricas de carros dos Estados Unidos em um único grupo, evitando que uma provocasse a falência da outra por conta da concorrência.

Assim, o trio tentou convencer Henry Ford e Ranson Olds a participarem do truste, mas ambos se negaram. Mesmo assim, em 16 de setembro daquele ano, Billy fundou, em Nova Jersey, com um capital inicial de 2 milhões de dólares, a General Motors Company. Em 28 de setembro, esse valor já tinha se elevado para 12,5 milhões de dólares e, no dia seguinte, a empresa comprou a Buick. Pouco tempo depois adquiriu também a Stewart Company e, no fim do mesmo ano, Ranson cedeu e acabou vendendo a sua Olds Motor Works.

W. M. Eaton, um influente homem de negócios, assumiu a presidência da GM e Durant se tornou o vice. Em 1909 foram adquiridas a Oakland, a Cadillac, a AC (fábrica de velas) e outras 21 indústrias de autopeças. Com tantas aquisições, Billy acabou endividando a empresa e, temerosos de perderem seus investimentos, os bancos recusaram-se a fazer novos empréstimos. Por tal motivo, o executivo acabou sendo demitido da empresa que ajudara a fundar, assumindo o seu lugar Charles Nash, que havia sido presidente da Buick.

Billy tentou recomeçar através da Little Motor Car Company, na qual pretendia criar um concorrente para o Ford Modelo T, mas não obteve êxito. Associou-se, então, ao piloto Louis Chevrolet e lançou, em 1911, a marca de mesmo nome. Auxiliado pela família Du Pont, começou a comprar todas as ações disponíveis da GM, bem como várias fábricas de autopeças, formando a United Motors, dirigida por Alfred Sloan. Em 1915, quando Louis saiu da Chevrolet, procurou os executivos do truste e propôs a venda da United Motors para a GM.

Diante da recusa de seus dirigentes, Billy reconquistou a maioria acionária da GM, direta ou indiretamente (graças ao auxílio da família Du Pont), e assumiu a presidência da companhia, que em outubro de 1916 passou a se chamar General Motors Corporation. Nos anos que se seguiram, Billy aumentou o capital da empresa para 514 milhões de dólares, adquiriu a Hyatt (fábrica de rolamentos), a Frigidare (fábrica de refrigeradores), a Chevrolet, a Fisher Body (fábrica de carrocerias) e a United Motors.

Infelizmente, porém, a boa fase durou pouco tempo. Em 1919, as ações da GM começaram a cair e, no ano seguinte, a produção diminuiu tanto que a empresa se viu obrigada a desmentir boatos de falência. A GM precisava de 80 milhões de dólares, obtidos por intermédio de Pierre Du Pont, que acabou se tornando presidente do grupo, tendo Sloan como vice. Billy foi demitido da GM pela segunda e última vez em 1921 e tentou refazer seu império adquirindo diversas marcas, mas a quebra da bolsa de valores, ocorrida em 1929, o levou à falência quatro anos depois. No fim de sua vida, recebeu uma pensão da GM, oferecida por Sloan, e tornou-se gerente de um boliche. Faleceu em 1947.

Em 1923, William S. Knudsen, ex-diretor de produção da Ford, assumiu esse cargo na Chevrolet e, quatro anos depois, a divisão vendeu mais que a Ford pela primeira vez na história. Em 1921, a GM absorveu a Opel (Alemanha) e fez o mesmo, em 1925 (um ano antes da Oakland se transformar na Pontiac), com a Vauxhall (Inglaterra) e, em 1931, com a Holden (Austrália). Em 1925, a GM começou também a construir sua história de sucesso no Brasil, fundando sua primeira montadora no país.

Devido à crise da bolsa no final dos anos 1920, os consultores da GM, entendendo não ser possível competir com o êxito do Ford Modelo T, determinaram que a Chevrolet deveria ser vendida, o que estabilizaria o truste. Du Pont e Sloan, porém, se negaram a fazê-lo.

Durante a Segunda Guerra Mundial (1933-1945), a GM fabricou um quarto de todos os motores de avião e blindados construídos nos Estados Unidos, voltando a fazer automóveis só depois do conflito, comemorando a produção do carro de nº 50.000.000, um Chevrolet, em 1954. No ano seguinte, a companhia apresentou um lucro de 1 bilhão de dólares. Desde então, a empresa manteve-se como a maior fábrica de automóveis do mundo, operando em diversos países e contando, hoje, com marcas quase desconhecidas no Brasil, como Alpheon (Coreia do Sul), Baojun, Jiefang e Wullig (China), além da Daewoo (Coreia do Sul/Rússia).

Em 2009, passando por dificuldades financeiras (influenciadas pela crise imobiliária que ocorreu nos Estados Unidos em 2008), a GM buscou ajuda do governo americano, encerrou as atividades da Hummer, da Pontiac e da Saturn, e efetuou a venda da fábrica sueca Saab.

A GENERAL MOTORS DO BRASIL

Em 26 de janeiro de 1925, foi fundada a General Motors do Brasil (GMB), com um capital de 275.000 dólares. Inicialmente a empresa localizava-se em um galpão na rua Presidente Wilson, no bairro do Ipiranga na cidade de São Paulo, do qual saiu, em setembro do mesmo ano, o primeiro carro da marca montado no país. Em um primeiro momento, eram montados 27 carros/dia, volume que passou para 180 em 1927, quando já existiam concessionários da marca em Recife, no Rio de Janeiro e em Porto Alegre. Esta expansão foi auxiliada pelas caravanas promocionais, que exibiam os veículos Chevrolet pelo interior do Brasil.

Para atender a demanda crescente, começou a ser construída uma nova fábrica, na cidade de São Caetano do Sul, na região metropolitana de São Paulo. A nova instalação, com 45.000 m^2, ficou pronta em 1930, um ano depois da quebra da bolsa de valores de Nova York, que diminuiu as vendas de todos os veículos.

Em 1932, quando já eram vendidos no Brasil os refrigeradores Frigidaire, a GMB apresentou o seu primeiro ônibus com carroceria 100% nacional e, quatro anos depois, trouxe da Alemanha para o Rio de Janeiro um Opel Olympia pelo dirigível Hindenburg. Em 1940, cerca de 77% dos veículos comerciais entregues pela fábrica de São Caetano do Sul tinham suas carrocerias fabricadas localmente, mas, com o início da Segunda Guerra Mundial, as instalações da empresa passaram a produzir aparelhos de gasogênio, molas, baterias e poltronas para vagões ferroviários, bem como veículos e material militar para as nossas Forças Armadas.

Após a derrota do Eixo, formado por Alemanha, Itália e Japão, houve um novo período de expansão que culminou, em 1949, com a duplicação da área coberta da fábrica de São Caetano do Sul. Depois, com a limitação para a importação de peças e componentes imposta pelo segundo governo de GetúlioVargas (1951-1954), que visava estabilizar a balança comercial e incentivar a produção de carros no Brasil, a GMB comprou uma gleba de 1.680.000 m² em São José dos Campos, também no estado de São Paulo, às margens da rodovia Presidente Dutra.

Na década de 1950, a General Motors do Brasil começou a produzir veículos nacionais, etapa que teve início com o Projeto 420, de design exclusivo, que previa a fabricação de caminhões leves com motores de seis cilindros e que foi apresentado à Comissão de Desenvolvimento Industrial (CDI) em 1953. Porém, com a crise política que se delineava na época, que culminou, no ano seguinte, com o suicídio do presidente Getúlio Vargas, as negociações entre a matriz americana e o governo federal foram temporariamente suspensas.

A ideia, entretanto, foi retomada em 1956, graças à eleição de Juscelino Kubitschek (1956-1961), cujo famoso Plano de Metas previa, através do Grupo Executivo da Indústria Automobilística (GEIA), a fabricação de veículos no país. Assim, teve início a construção da fábrica de São José dos Campos e, em junho de 1957, saiu das linhas de montagem da GMB o primeiro caminhão Chevrolet C3104 feito no Brasil, com 44% de nacionalização em peso, 4% a mais que o mínimo estipulado pelo governo. O motor ainda era importado, mas logo o seis-cilindros Jobmaster, de 261 polegadas, rebatizado como Brasil, começou a ser fabricado (fundido, forjado e usinado) em São José dos Campos, na primeira fábrica de propulsores Chevrolet construída fora dos Estados Unidos.

Em junho de 1958, chegou ao mercado a picape C3100 "expresso de aço", que passaria a ter o motor nacional, de 142 cv, em março de 1959, quando a fábrica de São José dos Campos foi oficialmente inaugurada. Na mesma época surgiram o furgão C3105 Corisco e a perua C3116 Amazona, linha que seria completada, em 1961, pela picape de cabine dupla C3114. Em dezembro de 1962, foi apresentada a linha para o ano seguinte, modificada pela equipe do engenheiro Armando Eliezer, que em 1949 havia feito um estágio nos Estados Unidos com a equipe que criara o *dream car* LeSabre. O citado grupo, inclusive, já trabalhava em uma nova série de veículos comerciais.

Além de Armando, que era supervisor do Grupo de Chassi da GM, faziam parte do seu "time" José Romanelli, diretor do Grupo

Picape C3114 cabine dupla, lançada em 1961.

de Carroceria (e que também fizera um estágio nos Estados Unidos) e o estilista italiano Giuseppe Chiusano, oriundo de uma família de *carrozzieris* e que viera para o Brasil em 1953. Chiusano também havia sido o vencedor da primeira edição do Prêmio Lúcio Meira, conferido durante a realização do I Salão do Automóvel de São Paulo, em 1960, o que lhe valeu um estágio na fábrica de carros Autobianchi, em Désio, na Itália. Do trabalho dessa equipe surgiu, em 1964, a nova linha C14, cujo modelo mais lembrado é a perua C1416, que quase foi chamada de Diadema, mas acabou recebendo o nome Veraneio. Vale citar que a GMB só viria a ter oficialmente um departamento de estilo em 1965, ano em que foi criado pelo norte-americano Luther W. Stier.

Antes disso, porém, por volta de 1963, a diretoria da GMB já pensava seriamente em fazer, no Brasil, um carro de passeio da marca Chevrolet. Não se sabia exatamente qual modelo seria o ideal e nem mesmo o seu porte. Poderia ser o Impala, o Nova, o Opel Rekord ou o Opel Kadett, ou seja, um carro grande, médio ou mesmo pequeno. Uma coisa, porém, era certa: tratava-se do Projeto 676. Logo se chegou à conclusão de que, naquele momento, um carro pequeno como o Kadett seria tão inadequado como um modelo tipicamente americano, caso do Impala e do Nova, afinal, era uma época em que o VW 1.200 massacrava a concorrência do Renault Dauphine/Gordini e do DKW Vemag Belcar. A solução foi adaptar o Rekord à mecânica de origem estadunidense, gerando, assim, o híbrido que conhecemos pelo nome Opala, produzido em São Caetano do Sul, em fins de 1968. O Opala exigiu a produção de dois novos tipos de motores, de seis e quatro cilindros – produzidos em São José dos Campos e também destinados a exportação –, e investimentos da ordem de 50 milhões de dólares.

Opala, o primeiro carro de passeio da GMB.

Era apenas o início de uma longa história de sucesso da GMB. Nessa mesma unidade, em 1973, começou a ser produzido o Chevette e, em 1982, o Monza (primeiro Chevrolet nacional de tração dianteira), o que também exigiu a introdução de duas novas linhas de motores. O próximo passo foi remodelar as picapes pesadas com a apresentação dos novos modelos da série C-20, em 1985. Desde então, foram lançados pela companhia os modelos

Kadett (1989, mesmo ano do surgimento da segunda geração da Veraneio), Omega (1992), Vectra (1993), Corsa (1994), S-10 e Blazer (1995). Em 2000, a GMB fundou uma nova fábrica em Gravataí, no Rio Grande do Sul, e lançou outros modelos de sucesso, como Celta (2000), Montana (2003) e Prisma (2006).

O PROJETO 909

Após o lançamento do Opala, a GMB decidiu interromper os planos de produzir uma versão perua deste modelo (que já existia na Alemanha) para se dedicar à criação de um carro pequeno, um projeto que fazia mais sentido para o mercado brasileiro da época.

A Volkswagen, atenta à obsolescência do Fusca, começou a oferecer novos produtos, caso do 1.600 quatro-portas apelidado de "Zé do Caixão" e seus derivados Variant e TL. A Ford, por sua vez, desenvolveu e lançou o Projeto M, que herdara da Willys, batizando-o de Corcel (na verdade, um Renault R12 redesenhado). Logo em seguida, bem no início dos anos 70, a Chrysler, após o vitorioso lançamento do Dodge Dart, iniciou o programa de testes do Hillman Avenger, que seria chamado de Dodge 1800. Na mesma época, a Volkswagen já experimentava os protótipos da "mini Variant", que chegaria ao mercado com a mesma denominação que quase foi usada não só pelo "Zé do Caixão" como também pelo primeiro Aero Willys: Brasília.

Enquanto isso, a GM norte-americana estava preparando o lançamento internacional de um novo modelo de carro pequeno, que deveria servir a vários mercados. Esse projeto, denominado T-Car, seria o primeiro carro verdadeiramente mundial da empresa (e isso cerca de dez anos antes do J-Car, do qual derivou o nosso Monza). Do T-Car originou-se o Projeto 909, que resultaria no Chevrolet Chevette.

O grande êxito inicial do Opala, cujas vendas superaram as do Ford Corcel (que, inclusive, era mais barato que o carro da GMB) foi de primordial importância para a viabilização do Projeto 909 no Brasil, não só porque testou o mercado brasileiro, mas também porque ajudou no crescimento dos pontos de venda e de assistência técnica da marca Chevrolet no país. Este último fator era muito importante, considerando-se que o serviço de pós-venda foi um dos maiores responsáveis pelo sucesso do Fusca no Brasil. Prova disso foi o pronunciamento de R. F. McGill, então diretor de vendas da empresa, publicado na revista *Panorama*, órgão de comuni-

Fabrica de São José dos Campos em fase de ampliação para receber a linha de montagem do T-Car (futuro Chevette).

cação interna da GMB: "Nesses últimos anos, procuramos expandir nossa rede de concessionários. Desejávamos que ela adquirisse grande experiência na venda de carros, para que estivesse preparada para o futuro. E conseguimos isso com absoluto sucesso. No começo de 1970, já percebíamos que nossa rede era suficientemente forte para enfrentar a grande concorrência do mercado. Com essa certeza, fizemos nossos planos. Em 1970, chegamos a fazer outra sondagem no mercado, não uma pesquisa nos moldes da feita em 1965. Comprovamos, mais uma vez [...] a viabilidade comercial do nosso plano para o carro médio-pequeno".

Assim, em 1970, durante a gestão de James Waters, a GMB começou um rápido processo de expansão (cujo custo final seria da ordem de 102 milhões de dólares) para receber a futura linha de montagem do T-Car. O número de funcionários da fábrica de São José dos Campos pulou de 3.000 para 8.000 e foram construídos mais 120.000 m² para abrigar todos os equipamentos de vários departamentos: prensas, funilaria, montagem, laboratórios, pintura, acabamento e seções auxiliares. Só para se ter uma ideia da grandeza da obra, somente o setor de estamparia seria responsável pela manufatura de aproximadamente quatrocentas peças, que seriam utilizadas no carro futuramente.

Em julho de 1971, Juán Besó Mateo (que se mudou da Espanha para o Brasil em 1961, tendo em sua bagagem o curso da Escola Superior de Arte de Valência, e agora representava o Departamento de Estilo da GMB) viajou com outros colegas rumo a Luton, na Inglaterra, para participar de uma reunião com designers de seis países (incluindo profissionais da GM norte-americana, da Opel, da Vauxhall e da Holden), na qual foram discutidos os detalhes do futuro T-Car. Foi a primeira vez em que uma equipe do Brasil participou de um programa padronizado, cujo resultado seria a produção de um veículo destinado a quatro continentes: América, Europa, Oceania e Ásia.

Depois de muitos estudos, o pessoal dos Estados Unidos e da Inglaterra concluiu que o Projeto 909, que na Alemanha iria substituir o velho Opel Kadett B, era a melhor proposta apresentada na reunião. Também foi decidido que a equipe de cada país poderia realizar alterações para adequar o carro ao mercado (no Brasil, por exemplo, optou-se pelo motor 1.4). Assim, com o modelo germânico definido, começaram os preparativos para viabilizar a sua produção. Uma das primeiras atitudes nesse sentido foi destacar o brasileiro Francisco Nelson Satkunas como engenheiro-residente na Opel, para assim tornar possível o acompanhamento de perto do projeto ainda na sua fase embrionária. O pequeno carro da Chevrolet começou a aparecer na imprensa especializada já em 1971, em flagras dos testes com modelos alemães, cujo intuito era avaliar a adaptação desses carros para as condições brasileiras. Os veículos, importados da Alemanha pela GMB, eram dois exemplares do pequeno Opel Kadett e três unidades do Opel Ascona, que era um pouco maior, de um tamanho intermediário entre o Fusca e o Opala. Nessa época, o carro ainda não tinha o nome definitivo, mas já muitos apelidos: Mini GM, Opalim, Gemini e até Chevette (nome derivado da palavra "*chevaux*", cavalo em francês, acrescida do sulfixo diminutivo "ette").

Capa da revista *Quatro Rodas* de abril de 1971, primeira aparição do futuro pequeno carro da GMB, ainda apelidado de Opalim.

O PEQUENO GANHA FORMA

Os testes realizados em estradas e ruas de São Paulo eram responsabilidade de profissionais intitulados "pilotos de testes", sempre acompanhados por homens do Departamento de Engenharia, que anotavam todas as impressões dos pilotos. Uma das vias mais usadas era a antiga estrada que ligava São Paulo a Santos, uma serra com curvas e subidas íngremes. Era uma ótima pista para avaliar a chamada "tropicalização" dos carros, ou seja, a adaptação ao nosso clima tropical, com temperaturas altas e chuvas em boa parte do ano. Aliás, essa mesma estrada era sempre escolhida como campo de provas durante toda a década de 1960 pelas pioneiras Simca, Willys e Vemag.

Primeiros estudos do carro pequeno da GMB.

Os carros que estavam em teste tinham sua mecânica original, já que nesta fase ainda não tinham ideia de qual delas seria aproveitada no Chevette. O Ascona media 4,12 m de comprimento e era mais encorpado, com opções de motores de 1.600 cc, com 79 e 93 hp, e outro de 1.900 cc e 103 hp. Já o Kadett media 4,10 m e tinha motores menores, um de 1.100 cc e 60 hp, e outro de 1.400 cc com 70 hp. Já era cogitado dentro da empresa que o último seria o melhor motor para o carro brasileiro devido à baixa octanagem da gasolina nacional.

Se nos Estados Unidos cada designer da GM era encarregado de desenhar determinado detalhe de um novo automóvel, não era isso o que ocorria no Brasil. Aqui, o pessoal que se dedicou ao T-Car tinha de desenhar de tudo um pouco. A equipe era comandada por Stier e contava ainda com os já citados Besó e Chiusano, e também com os brasileiros Adalberto Bogsan Neto (que estagiou no Centro Técnico da GM Corporation, em Warren, nos Estados Unidos, e trabalhou com Larry Shinoda), Nelson Santos Barros, (criador do emblema manuscrito "Chevette"), Edgar Mazzacato e Laidner Rolin, que, infelizmente, viria a falecer muito jovem, antes mesmo do lançamento do carro.

Testes realizados em 1971 com o Opel Kadett alemão, cujo intuito era estudar a adaptação da mecânica em terras brasileiras.

Primeiros moldes em tamanho natural, para estudos de estilo do Chevette.

Tratava-se de uma época em que não existiam programas para desenhos. Os computadores mais avançados ocupavam espaços enormes e faziam uso de fitas magnéticas e cartões perfurados. Por isso, todos os desenhos do T-Car foram feitos à mão, em papel mylar, que não permitia deformações. Depois, o material do departamento de estilo seguia para a modelagem, comandada pelo "Geral Master Mecanics" Leo Kunigk Neto. Esse setor era dividido em dois grandes espaços: "modelos para a fundição" e "modelos padrão", sendo que o último era composto pelas áreas de "dispositivos" e de "modelos copiadores".

Já nessa época, os profissionais responsáveis pelos modelos para a fundição começaram a fazer as peças do T-Car em isopor, adicionando, ainda, camadas de materiais diversos, para compensar a contração dos metais empregados nos protótipos, conforme o material que seria utilizado (ferro, aço, alumínio, etc.) Enquanto isso, o pessoal dos modelos padrão transferia as linhas do futuro veículo do mylar para chapelonas de alumínio (um tipo de molde). Paralelamente, através de enormes blocos de isopor, sobre os quais também seriam acrescentados Clay (um tipo de argila que amolece quando aquecida e endurece quando resfriada), plástico, metal, madeira e fibras, o modelo em escala natural da carroceria começou a tomar forma.

Por meio das chapelonas, o modelador preenchia todos os vãos e, com isso, conseguia ligar os blocos, fazendo surgir, aos poucos, as linhas criadas pelos designers. Assim, o modelo em escala natural da carroceria começou a tomar forma. Uma vez finalizada a carroceria, idêntica à do veículo que ganharia as ruas, foram providenciadas as cópias necessárias ao pessoal da usinagem e também aos envolvidos com a fabricação de matrizes de estampagem e ferramentas diversas. Com os protótipos terminados, procedia-se a verificação dos formatos e das medidas, que tinham de estar rigorosamente dentro da especificação planejada. Segundo consta, esse trabalho foi realizado por cinquenta modeladores, que trabalharam em regime de horas extras, gastando ao todo cerca de 75.000 horas em modelação.

A esta altura, Satkunas, na Alemanha, acompanhava o desenvolvimento do motor cross-flow de quatro cilindros em linha. Em abril de 1971, foram finalizados os primeiros quarenta protótipos, e quatorze,

Equipe de modeladores trabalhando no protótipo confeccionado em argila.

com cilindradas que variavam de 1.100 cm^3 a 1.700 cm^3, foram despachados para o Brasil. O laboratório da GMB testou oito deles, avaliando a durabilidade e o funcionamento. Alguns ficaram ligados a dinamômetros por cerca de quinhentas horas seguidas. Outros foram ligados e desligados, ininterruptamente, 15.000 vezes.

A engenharia experimental, buscando um desempenho esportivo, chegou a utilizar alta taxa de compressão e carburador Weber duplo de 48 mm em um dos propulsores, que desenvolvia 102 cv. Porém, considerando a qualidade da gasolina brasileira e com o intuito de aliar desempenho razoável com a máxima economia, os técnicos não só optaram pela cilindrada de 1.400 cm^3 como por uma taxa baixa (7,3:1), possibilitando a obtenção de apenas 68 cv. Esse motor, que chegaria ao modelo de série, empregava um humilde carburador de corpo simples Solex 32 (difusor de 27 mm) ou DFV 32 (difusor de 28 mm).

No final de 1971, já era possível conferir na revista *Quatro Rodas* ilustrações de como seria o provável estilo final do carro. Dizia a reportagem que o veículo era baseado no Ascona, mas com componentes do Kadett. O motor ainda era uma incógnita, assim como o restante da mecânica: havia apenas especulações. Essa aparição na revista serviu para aguçar ainda mais a curiosidade do publico. O minicarro da GMB já era muito aguardado.

A ROTINA DE TESTES

Teve início, então, a manufatura de itens de acabamento, como volantes, maçanetas, bancos e outros itens internos, tudo feito à mão. Quando ficaram prontos, toda a parte mecânica já havia sido avaliada em laboratório, incluindo o câmbio, diferencial, suspensões, caixa de direção, etc.

Chegou, então, a hora de fazer, também à mão, cinco carrocerias de material permanente – ou seja, de aço – que deram origem aos cinco primeiros protótipos usados nos testes de estrada, que receberam motores alemães. A esses veículos foi somada a "companhia" de dois Opel Kadett, igualmente alemães, também usados nas provas do grupo de avaliação de veículo do departamento de engenharia experimental, comandado pelo experiente piloto Ciro Cayres. Veterano da pista de Interlagos, Cayres já havia trabalhado nessa mesma função para a Simca e tinha sido contratado pela GMB ainda nos anos 1960, para a fase de desenvolvimento dos protótipos do Opala, tendo feito um excelente serviço.

Primeiras carrocerias feitas a mão, moldadas já no estilo final do carro.

Os testes com os veículos se iniciaram em março de 1972, mesma época em que a GMB deu início ao processo de contratação de novos operários para a futura linha de montagem do Chevette, que ainda era chamado de Opalim pelas revistas especializadas. Para testar os protótipos do T-Car, a equipe de Cayres contava com 44 profissionais, sendo 26 motoristas, doze mecânicos e seis engenheiros, que se revezavam nos testes de bancada e de estrada. Os veículos eram submetidos a situações extremas, dificilmente encontradas no dia a dia do motorista comum, com o objetivo de aprimorar todos os seus componentes.

Foram estabelecidas várias rotas que passavam por estradas e ruas com características e particularidades diferentes para realizar diversas avaliações, como testes de aceleração, durabilidade e resistência da carroceria e da suspensão. Dizia a fábrica que alguns veículos percorriam em média 1440 km por dia. Entre essas rotas, a que ficou mais conhecida foi a realizada na primeira quinzena de agosto por três protótipos do Chevette, um Opala, uma Veraneio e um Ford Corcel GT que saíram de São Caetano do Sul, no estado de São Paulo, rumo a São Simão, cidade na divisa de Goiás com Minas Gerais. Entre 8 de agosto e 8 de setembro, a equipe ficou no hotel Pirarama Recreio, realizando diariamente o percurso entre São Simão e Quirinópolis, em Goiás.

Testes realizados com protótipos em Goiás. Os carros tinham grade estilo Charger R/T e percorriam até 1.440 km por dia.

O setor de estamparia estava quase pronto e seria responsável por quatrocentas peças que seriam utilizadas no Chevette.

Os protótipos apresentavam grade de alumínio falsa que cobria os faróis, (lembrando a Dodge Charger R/T 1971/72), para-choques pretos, filetes cromados nos vidros das portas (imitando quebra-ventos) e apliques (rabetas inspiradas no Charger R/T) entre o fim das colunas C e as laterais traseiras, dando a impressão de a carroceria ser *semifastback*. Dois dos carros tinham as placas azuis HT 0403 e HT 0409 e lanternas traseiras normais, enquanto o terceiro tinha as placas amarelas CF 2604 com peças da marca Forlon, ou seja, acessórios projetados para a linha Corcel.

Os pilotos acordavam às quatro horas da manhã, e, das cinco em diante, o Corcel e os protótipos passavam a percorrer, ininterruptamente até o final da tarde, o trecho de 54 km que separava as duas cidades. Depois, os carros seguiam para a oficina volante da GMB (que nada mais era do que uma enorme barraca armada na área externa do hotel).

Paralelamente aos testes de estrada, eram desenvolvidos os testes de bancada, nos quais partes do veículo eram submetidas a uso severo: portas e capôs que se abriam e fechavam ininterruptamente durante vários dias; carrocerias que sofriam torções muito além das que se encontram nas ruas; motores e câmbios girando em alta rotação para serem estancados repentinamente (avaliando, assim, a durabilidade), entre outros testes.

Nessa mesma época, a revista alemã *Auto Motor und Sport* publicou desenhos do novo Kadett, confirmando, assim, que esse era o mesmo carro que estava sendo testado no Brasil. Paralelamente, a GMB trabalhava na ampliação da fábrica de São José dos Campos, programa que havia consumido, até outubro de 1972, 10.000 toneladas de pesados perfis de aço, permitindo, assim, a instalação de novas prensas de 800, 1.000 e 1.800 toneladas, o que significava o emprego de 36.000 sacas de cimento e 500 toneladas de aço estrutural. Os trabalhos de terraplanagem movimentaram 76.000 m^3 de terra, e a usinagem e a fundição foram ampliadas em, respectivamente, 19.500 e 13.000 m^2.

O dia 31 de outubro de 1972 foi uma data emblemática para a General Motors do Brasil, pois nessa ocasião a empresa apresentou o primeiro motor Chevette feito no mundo em escala industrial. Produzido na fábrica de São José dos Campos, esse propulsor de quatro cilindros praticamente salvou a montadora durante a época da crise do petróleo (que começaria cerca de um ano depois) ao equipar o Chevette, o carro pequeno da Chevrolet que se tornou um dos maiores sucessos da indústria automobilística nacional.

Data histórica para a GMB: em 31 de outubro de 1972, a empresa apresenta o primeiro motor Chevette do mundo.

O curioso é que, dias antes, mais precisamente no dia 27 de outubro, a primeira unidade produzida em série do motor 1.400 do Chevette inicialmente negou-se a funcionar, devido a uma ligação errada feita na bancada de testes que não permitia a passagem da gasolina. Ainda bem que tudo ficou pronto para a solenidade de "inauguração" no dia 31, que ocorreu sem quaisquer falhas.

No final de 1972, quando os protótipos já haviam rodado 750.000 km (o equivalente a duas viagens de ida e volta da Terra para a Lua), o Chevette estava quase pronto, mas a GMB decidiu não mostrar o protótipo do carro no VIII Salão do Automóvel. Apesar de a Ford levar o Corcel reestilizado e a Chrysler aproveitar o evento para apresentar ao público o novo Dodge 1800, a GMB optou por preparar um painel no qual o Chevette e o Fusca, para

Últimos desenhos do Chevette, já com o estilo final aprovado.

Primeiro protótipo pronto do Chevette, já no estilo final.

efeito comparativo, estavam sobrepostos. A intenção era demonstrar como um automóvel mais moderno com medidas externas semelhantes poderia, por um preço equivalente, oferecer mais beleza, conforto e segurança. A Volkswagen, por sua vez, também não apresentou no salão o Brasília, carro que já preparava, o que talvez tenha sido uma atitude acertada: as duas estrelas do evento, o já citado 1800 e o Ford Maverick, tiveram diversos problemas e nunca se destacaram por participação no mercado.

O LANÇAMENTO

As obras em São José dos Campos foram finalizadas em janeiro de 1973, razão pela qual a imprensa já esperava pelo lançamento do Chevette nos meses que se seguiriam. Nessa época, as revistas especializadas já publicavam, como furo de reportagem, fotos do Chevette praticamente pronto, inclusive com imagens do painel, volante e bancos já definitivos. Na ocasião, James Waters já havia sido nomeado diretor-geral de Operações da América Latina e substituído na direção da filial brasileira pelo também norte-americano John Beck.

Beck, então com 47 anos, era de Terrytown, no estado de Indiana, e estava na empresa desde 1951, tendo, inicialmente, desempenhado diversas funções administrativas nos escritórios da GM de Nova York. Em 1957, o executivo iniciou suas atividades na América Latina como gerente de suprimentos no Peru.

Últimos testes antes do lançamento do Chevette, visando avaliar itens como vedação da carroceria, durabilidade mecânica, entre vários outros.

Sete anos depois, foi transferido para a GM do Uruguai, lá ficando até 1966, quando se tornou gerente geral de vendas da filial mexicana. Retornou ao Peru em setembro de 1968 como diretor gerente da GM e, em dezembro de 1970, voltou ao México como presidente da GM local. Depois, foi empossado no mesmo cargo no Brasil, permanecendo até 1978, quando deu lugar a Joseph Sanchez.

Assim, foi sob a direção de Beck que o Chevette foi apresentado para a imprensa brasileira em abril de 1973, na fábrica de São José dos Campos. As revistas de grande circulação, no entanto, só noticiaram seu lançamento no mês de maio, quando as primeiras unidades começaram a ser vendidas, inclusive para o mercado externo (em especial para o Panamá). No dia 23 de maio, a GMB providenciou para os jornalistas, a partir das 19 horas e 30 minutos, uma reunião informal no Bar Planalto, localizado no número 117 da avenida Cásper Líbero, em São Paulo, capital.

Primeiras unidades do Chevette saindo da linha de montagem.

Primeiros motores do Chevette feitos em série, que antes passavam pela bancada para controle de qualidade.

Na manhã seguinte houve o *show* de apresentação do Chevette à imprensa, no Clube Pinheiros, com a apresentação de artistas como Ronald Golias, Eliana Pittman, The Clevers, Sílvio César, Consuelo Leandro, Pepita Rodrigues, Yara Marques, Geórgia Gomide e Aizita Nascimento, bem como o almoço/coquetel de confraternização. E, de repente, todos se uniram e cantaram a música composta por Claudio Bojunga e Francis: "Eu quero um carro, um verdadeiro carro / Um carro amável, durável, confortável / Um carro que não custe caro / Carro estável, algo incrível, automóvel infalível / Como posso ter um carro assim? / Que eu tiro e giro, me viro, sem grilo / Oh! Como posso ter um carro assim?"

Foram exibidos dois filmes no evento: o primeiro mostrava uma cegonha levando unidades do Chevette de São José dos Campos para o Clube Pinheiros; o segundo, R. F. McGill se deslocando com um Chevette para fazer o seu discurso na convenção. Ao final do filme, McGill entrou ao vivo no palco, na sequência da ação. Seguiram-se, então, também os discursos de J. F. Waters, A. F. Amado Jr. e Américo R. Netto, este último talvez o primeiro jornalista brasileiro especializado na área automotiva, que realizou reides pioneiros, fundou entidades e revistas sobre o tema, escreveu livros e ainda orientou exposições de veículos desde a década de 1920.

Depois, ocorreu a saída de um ônibus fretado da praça Charles Miller (em frente ao estádio do Pacaembu, em São Paulo) rumo à fábrica de São José dos Campos, na qual foi possível aos quatrocentos participantes de todo o país "experimentarem" o Chevette pela primeira vez. A GM ainda sorteou uma unidade do carro entre os jornalistas, e o ganhador foi Hélcio da Cunha Ajuz, da Gazeta do Povo, de Curitiba, Paraná.

Na ocasião do lançamento, o saudoso jornalista Joelmir Beting escreveria em sua coluna no jornal *Folha de São Paulo*: "O Chevette leva a chancela da GM, e a GM não brinca em serviço. Um investimento superior a 100 milhões de dólares permitiu à GMB não apenas desenvolver o novo carro, mas dotar a fábrica de condições para dar resposta imediata a qualquer tipo de solicitação do mercado. A verdade é que o Chevette constitui um novo divisor de águas dentro do mercado brasileiro de carros novos simplesmente porque toca fogo no grande paiol da concorrência, a do primeiro degrau da escalada do brasileiro na direção do carro próprio: a faixa do mais barato, a do primeiro carro do indivíduo e, já agora, a do segundo carro da família".

Por fim, no dia 4 de maio, uma sexta-feira, os trezentos revendedores autorizados Chevrolet começaram a entregar ao público comprador, que já aguardava na fila, as primeiras unidades do Chevette, fruto de um investimento de 110 milhões de dólares. Mas isso não foi tudo: em 11 de julho a GM iniciou o programa de exportações do novo carro, embarcando algumas unidades em um avião cargueiro Jet Clipper da Pan American Airways rumo ao Panamá, país no qual o veículo foi apresentado a diversos concessionários locais, iniciando o bem-sucedido programa de exportação do Chevette.

Fotos oficiais do lançamento do Chevette.

CAPÍTULO 2

A EVOLUÇÃO DOS MODELOS

A ESTREIA NO MERCADO

Primeiro anúncio do Chevette, veiculado em 1973.

"A GM não faria apenas mais um carrinho. Simplesmente porque a GM sabe que você não iria comprar apenas mais um carrinho. Por isso, o carro pequeno da GM tem mais desempenho, mais espaço, mais conforto, mais estabilidade. E até mesmo mais economia. É como dissemos: A GM não faria apenas mais um carrinho. A GM fez o Chevette".

O texto acima, utilizado pela GMB em 1973, na primeira propaganda do Chevette, demonstra a confiança que a empresa depositava no modelo. Moderno, seguro, econômico e funcional, o pequeno Chevrolet pesava 818 kg, media 4.120 mm (entre eixos de 2.390 mm, com bitolas dianteira e traseira de 1.300 mm) e utilizava carroceria monobloco de aço, tudo muito diferente daquele que era tido como o seu maior rival no mercado, o VW 1.300/1.600 (com os quais não concorreria de fato devido ao preço: seus verdadeiros oponentes, o tempo demonstraria, seriam o VW Brasília e o futuro Fiat 147).

Um dos primeiros exemplares do Chevette produzidos. Na foto, o modelo básico.

O motor superquadrado do Chevette (com pistões de curso reduzido), dianteiro, alimentado por um carburador de corpo simples e fluxo descendente (DFV 32 mm, com difusor 28, ou Solex 32 mm, com difusor 27), era arrefecido a água, tinha quatro cilindros em linha e,

devido à péssima qualidade da gasolina nacional, uma cilindrada muito maior que a do Opel Kadett (1.398 cm^3 contra 1.100 cm^3), pois era necessária uma taxa de compressão muito baixa, de 7,3:1. A potência máxima, portanto, não poderia ser muito grande, apesar da cilindrada: 68 cv a 5.800 rpm (SAE), com torque máximo de 9,8 kgm a 3.200 rpm (SAE).

Era, contudo, um projeto moderno, o que podia ser notado pelo comando de válvulas, acionado por correia dentada externa sintética de neoprene (de forma inédita no Brasil, dispensando a corrente, comum na época, e, assim, a manutenção periódica e regulagens). O virabrequim ficava apoiado sobre cinco mancais, eliminando vibrações e aumentando assim a vida útil do motor. O cabeçote do tipo *cross-flow* (fluxo cruzado), era outra novidade, com o coletor de admissão de um lado e os de escape no outro, ou seja, a mistura ar/combustível entrava pela lateral esquerda e os gases da queima saíam

O Chevette com opcionais do chamado "Kit de Luxo". Visualmente, essa versão vinha com frisos (inclusive no contorno das janelas), além de calota com sobrearo.

O motor do Chevette foi o primeiro no Brasil equipado com a moderna correia dentada.

Detalhe do painel do Chevette; na foto, o modelo Luxo, que vinha com rádio três-faixas e relógio entre os mostradores. Já o porta--luvas não tinha tampa.

pela lateral direita, melhorando o rendimento e diminuindo o consumo.

O câmbio, também dianteiro, era importado da Alemanha, tinha quatro marchas, com relações de 3,75:1; 2,16:1; 1,38:1 e 1,0:1. A embreagem era do tipo monodisco a seco, com platô "chapéu chinês", que não patinava (tinha diafragma no lugar do modelo tradicional com molas helicoidais, denominado "gafanhoto"). A tração era traseira e a relação do eixo motriz, de 4,10:1. No sistema de direção, foi empregada uma caixa por pinhão e cremalheira, com redução de 18,75:1, que trabalhava com um volante de direção de 375 mm. A suspensão, que não exigia lubrificação, seguia o tradicional projeto Chevrolet, utilizado no Opala e em diversos carros americanos, mas obviamente em escala reduzida. Na dianteira, que era independente, havia molas helicoidais, amortecedores hidráulicos de dupla ação, dois pares de braços de controle (bandejas) e barra estabilizadora. O eixo motriz empregava molas e amortecedores semelhantes aos já descritos, três braços de controle com barra Panhard e barra estabilizadora. O sistema de freios do Chevette tinha quatro tambores simplex autorreguláveis, mas o cliente poderia comprar o veículo com freio a disco na frente opcional.

Os mais atentos percebiam uma particularidade no Chevette. Normalmente, no caso de aceleração, a tendência era que a traseira do carro se abaixasse e, consequentemente, a frente se elevasse. No caso do pequeno carro da Chevrolet, porém, isso não ocorria devido a um tubo de torque instalado embaixo do carro, que tinha um efeito antiafundamento de traseira ao sair da mobilidade. Caso a aceleração fosse forte, inclusive, o efeito contrário era causado, ou seja, a traseira se levantava ligeiramente.

O Chevette trouxe algumas novidades, como a ausência de quebra-ventos. A chave do contato, que também abria as portas e o porta malas, tinha a parte superior plástica, diminuindo a chance de ferimentos em caso de acidente. Numa época em que cintos de segurança ainda não eram obrigatórios, para maior segurança, o carro tinha ainda painel de plástico ABS acolchoado (causava menos danos em caso de impacto), botões de comando plásticos e giratórios (não era necessário puxar), pneus sem câmara (a partir de 1977, novidade em carros pequenos), coluna de direção não penetrante (protegia o tórax do motorista em caso de batida frontal), e sistema de freios com duplo circuito (assim, se uma "borrachinha" do fluido de uma das rodas furasse, não havia a perda de todo o fluído e, portanto, ainda seria possível frear o veículo).

Os bancos eram revestidos em vinil preto, com costura dos gomos por solda eletrônica; os dianteiros eram individuais, com trava de segurança no encosto e reclináveis em cinco posições. As maçanetas internas eram embutidas (minimizando ferimentos em pedestres), o capô tinha trava dupla, o limpador de para-brisas era elétrico e tinha duas velocidades, e o pisca alerta era equipamento básico. Além disso, para "salvar a pátria" dos esquecidinhos, as portas só trancavam com chave, evitando o inconveniente de fechar o carro com ela dentro do veículo.

Outro item importante de segurança era a posição do tanque de gasolina, que vinha instalado na vertical atrás do banco traseiro. Isso o protegia em caso de batida por trás, evitando assim um possível incêndio. A capacidade do tanque era de 45 litros, e o bocal de enchimento ficava na coluna traseira do lado direito, "escondido" atrás de uma portinhola, que imitava uma saída de ar da cabine. Já o porta-malas tinha 322 litros, uma boa capacidade de carga para o tamanho do carro, e vinha equipado com tapetes de borracha.

Inicialmente, o Chevette era fabricado em dez cores diferentes: Laranja Fogo, Branco Everest, Escarlate, Amarelo Grand Prix, Marrom Calamar, Amarelo Orion, Mostarda, Azul Imperial, Super Verde e Preto Formal, sempre com o interior na cor preta. O carro era oferecido ao público, em maio de 1973, por 21.290 cruzeiros, sendo este o valor sem as despesas de transporte (posto de fábrica). Na mesma época, sempre nas versões básicas, o Ford Corcel de duas portas saia por 23.160 cruzeiros, o VW 1.300 por 16.756 cruzeiros, o VW 1.500 por 17.230 cruzeiros e o VW TL duas portas por 20.780 cruzeiros. Embora ainda não estivesse disponível nos concessionários Chrysler, o Dodge 1800 também já tinha seu preço inicial estipulado em 24.775 cruzeiros. Já o VW Brasília era esperado por cerca de 19.600 cruzeiros. Daí se vê que os concorrentes mais

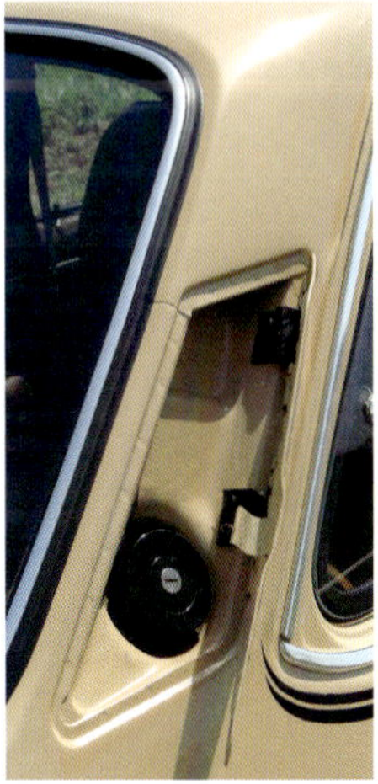

Bocal do tanque de gasolina na coluna C.

Interior de modelo com opcionais de "luxo". Os bancos dianteiros tinham encosto reclinável pelo sistema milimétrico.

O Chevette passa a dividir espaço com o Opala nas concessionárias.

fortes do novo Chevrolet, pelo menos em preço, eram os carros da Volkswagen.

A GM oferecia seu produto em uma única versão, mas os veículos podiam contar com dois pacotes de equipamentos opcionais, denominados "conveniência" e "luxo". O primeiro era composto por espelho retrovisor dia/noite, acendedor de cigarros, rádio Motorradio de três faixas (ainda sem FM), calhas para as portas, iluminação do porta-malas, tampa do tanque com chave, cinzeiro nos painéis laterais traseiros e bancos dianteiros com reclinadores de encosto milimétricos. O pacote "luxo" vinha com relógio elétrico, console, carpete, molduras de metal para as janelas, frisos de contorno no painel frontal inferior/para-lamas/caixas de ar, garras de para-choque de PVC e pneus faixa branca 155 × 13 e sobrearos raiados de alumínio. Existiam ainda as opções separadas: freio a disco nas rodas dianteiras (240 cruzeiros), aquecedor no painel (290 cruzeiros), pneus 165 × 13 e rodas de aço 13 × 5,5 (que substituíam as rodas 13 × 4,5 com pneus 155 × 13 por mais 109 cruzeiros) e pneus faixa branca 155 × 13 (109 cruzeiros). Posteriormente, começou a ser oferecido, nos mesmos moldes, o servo freio, disponível para carros com discos ou tambores na dianteira.

REAÇÃO DA CRÍTICA

Devido à grande procura pela novidade, naturalmente, as concessionárias Chevrolet chegavam a cobrar um ágio da ordem de 5.000 cruzeiros, fazendo do Chevette básico um carro mais caro que o Chevrolet Opala Especial 2.500, o Karmann-Ghia TC e o Corcel Luxo. Considerando o valor do carro completo, com os conjuntos de "conveniência" e "luxo", acrescidos dos opcionais vendidos à parte, o preço do Chevette saltaria para o mesmo valor do Opala Especial 4.100, do Corcel GT e do VW SP2, carros que custavam quase 30.000 cruzeiros.

Em maio de 1973, o experiente jornalista e piloto Expedito Marazzi testou o Chevette para a revista Quatro Rodas. Expedito elogiou, sobretudo, a estabilidade e a posição do motorista. Criticou, entretanto, os instrumentos do painel e o consumo. No tocante ao primeiro item, fez a seguinte alegação: "O painel tem um grupo de luzes indicadoras que confunde um pouco. O velocímetro é preciso e de fácil leitura. Não há hodômetro parcial e a iluminação é amarela, sem reostato para regulagem. O hodômetro registra apenas quilômetros". Quanto ao consumo, talvez porque o carro testado não estivesse devidamente regulado, Marazzi fez as seguintes observações: "Nas velocidades usuais o consumo pode ser considerado normal. Nas altas velocidades, porém, é um pouco elevado para um carro dessa categoria. Isso se deve, provavelmente, ao grande diâmetro das válvulas de admissão (39 mm)". Posteriormente, o carro passou a sair de fábrica com reostato.

No teste, o desempenho ganhou nota boa, levando-se em consideração que o carro tinha 880 kg vazio. A velocidade máxima girava em torno de 135 km/h, e o carro demorava 19 segundos para ir de 0 a 100 km/h.

A edição 104 da revista *Auto Esporte*, de junho de 1973, demonstrou (com texto do jornalista Heitor Feitosa e parte técnica realizada pelo piloto Terra Smith), a reação das pessoas em relação ao veículo: "Ao iniciarmos os testes do Chevette, dias antes do seu lançamento ao público, verificamos que o novo carro da General

O Chevette atingia a velocidade máxima de 135 km/h, um bom desempenho para a época.

Chevette

Anúncio que defendia as grandes vantagens do pequeno Chevette.

Motors do Brasil não podia ser estacionado na rua. Motivo: depois de alguns instantes formava-se em torno dele um grupo de curiosos, com uma saraivada de perguntas [...] Mesmo depois que a GM colocou o Chevette nos revendedores, a curiosidade popular continuou. Era só parar e logo vinham as perguntas. No trânsito da cidade ou na estrada, os motoristas dos outros carros buzinavam, acendiam os faróis e faziam gestos querendo ter informações em pleno tráfego. Outros, mais discretos, procuravam emparelhar para observá-lo, esquecendo-se de olhar para a frente".

De fato, mesmo antes do advento da crise do petróleo, o pequeno Chevrolet já dava indícios de que seria um grande sucesso em nosso mercado, conforme podemos notar analisando as considerações do repórter: "Esses fatos mostram bem o clima de suspense que a GMB criou em torno do Chevette e demonstram que os proprietários de automóveis de outras marcas, de carros menores e maiores, estão realmente interessados no novo veículo da GMB. Os comentários desses 'possíveis compradores' são em maioria favoráveis ao Chevette, mesmo ao vê-lo superficialmente. Quando podiam chegar mais perto, admiravam o painel, os instrumentos, o acabamento, o amplo porta-malas e o espaço interno".

A *Auto Esporte* destacou ainda a facilidade nas manobras, a estabilidade e a agilidade no trânsito urbano, especialmente nas rápidas arrancadas. Elogiou o fato de a temperatura do motor não subir em demasia (mesmo nos congestionamentos do horário de pico), de o motor não "morrer" facilmente (mesmo no frio e em marcha lenta sem o uso do afogador), de a embreagem ser progressiva (não patinava), de a caixa de direção ser leve e precisa (com poucas voltas de batente a batente, o sistema também permitia um diminuto raio de curva), de a suspensão ser equilibrada (conferindo razoável conforto com grande estabilidade) e de os freios (frenagem progressiva, mesmo não contando a unidade testada com servoassistência) e o sistema de ventilação serem adequados ao carro.

Os pontos mais criticados foram o engate duro do câmbio alemão, apesar da precisão da caixa (talvez um defeito da unidade testada), o macaco com alavanca de acionamento giratório (que exigia muitas voltas), a buzina com botão de acionamento duro (e sonoridade desagradável), o vidro de porta, que necessitava de oito voltas para subir totalmente, a falta de alças de apoio, os pedais pequenos, o volante deslocado para a direita (por causa da coluna de direção inteiriça, sem cruzetas como as existentes no Corcel) e o acabamento pobre (o carro não tinha, por exemplo, porta-luvas, apenas um porta-treco sem tampa). Independentemente disso, o comportamento dinâmico do Chevette era muito bom, razão pela qual o piloto e acrobata Euclides Pinheiro, que realizava o Chevrolet Super Show (exibições que incluíam saltos em rampas e voltas em duas rodas), aos poucos foi substituindo os veículos Opala cupê que utilizava pelo pequeno Chevrolet.

1974 – O CARRO DO ANO

Em 1974, o Chevette, que em 26 de março estabelecera a marca de 50.000 unidades fabricadas, foi eleito, no mesmo mês, "O Carro do Ano" pela revista *Auto Esporte* e passou por poucas modificações, as quais não incluíram a mudança do comando de válvulas, peça que se desgastava prematuramente. Houve a substituição do câmbio importado pelo nacional (sem anel de acionamento da marcha à ré). Nesse ano, o Chevette e outros carros da GMB passaram a ser disponíveis na cor Rosa Pantera (cujo código, no catálogo, era o número 171). A cor não obteve muito êxito, sendo hoje muito raro encontrar unidades nessa tonalidade. Por outro lado,

Anúncio do Chevette em 1974.

Em março de 1974, sai da linha de montagem o Chevette nº 50.000.

a indústria de acessórios começou a oferecer diversos itens para o novo Chevrolet, como rodas de liga leve, volantes esportivos e muito mais.

No tocante a itens de preparação, diversas empresas e oficinas já obtinham cerca de 80 cv (SAE) utilizando o bloco original do Chevrolet. A Silpo, do italiano Silvano Pozzi, era uma delas. Falecido em 2007, Pozzi, originário de Latina, cidade localizada a 50 km de Roma, imigrou para o Brasil em 1951, fixou residência em São Paulo e, entre as décadas de 1950 e 1960, construiu motocicletas, karts, hidroplanos (ou hidrokarts) e minitratores com motores de projeto próprio. Pozzi também produziu motores de popa e idealizou um propulsor para helicópteros, mas suas maiores fontes de renda foram uma máquina para lavar peças para oficinas e os kits de veneno (1.000 e 904 cm^3) que fez para carros pequenos como o Gordini. Tais kits eram compostos por tampa de válvulas e carter de alumínio aletado (este último de quatro litros), comandos, anéis cromados e muito mais, e eram tão populares que chegaram a ser vendidos a prestações nas famosas Lojas Pirani.

Os kits Pozzi para Chevette eram compostos por diversos itens, tais como carburadores Weber de corpo duplo, coletores de admissão adequados, pistões de cabeça plana (taxa de 9:1), polia regulável para comando de válvulas, distribuidor de dois platinados com contagiros mecânico, volante do motor especial, virabrequim de 74 mm (que elevava a cilindrada para 1.600 cm^3), circuito de óleo com carter seco, radiador de óleo e coletor de escapamento para competição. Já o kit do famoso corredor e preparador Chico Landi, que dispensa apresentações, era mais simples, sendo composto por pistões cabeçudos (taxa de 8,8:1) e coletores para dupla carburação (no caso dois carburadores originais do Chevette, de corpo simples, DFV ou Solex).

A Draco, revendedora autorizada da Solex, só instalava dois carburadores dessa marca, enquanto a Corsa e a Envemo começavam a desenvolver kits para o motor 1.400. Por outro lado, a Retsam, famosa por suas adaptações de freios a disco nas quatro rodas, já montava kits de turbocompressores Lacon, feitos sob licença da Schwitzer, possibilitando ao Chevette desenvolver cerca de 170 km/h (muito mais, portanto, que os 135 km/h ou 140 km/h usualmente registrados nos testes da *Quatro Rodas* e *Auto Esporte*). O "veneno" feito pela Retsan, sem contar alterações internas, custava cerca de 6.000 cruzeiros (um Chevette novo era vendido por 26.000 cruzeiros), mas uma preparação completa poderia dobrar esse valor. Paralelamente, a própria fábrica chegou a testar unidades do Chevette com o motor Opala de quatro cilindros, mas a alta no preço da gasolina engavetou tal projeto, que seria revivido na década de

Sem muitas novidades na linha Chevette, a GMB mostra no Salão do Automóvel um protótipo de carro para polícia.

1980 (inclusive em relação à adaptação do motor 4.100) por diversas oficinas.

Foi graças ao fato de o Chevette ser um carro barato, moderno, simples e de baixo consumo de gasolina que a GMB conseguiu sobreviver melhor à crise do petróleo de 1973 do que a Ford do Brasil. Afinal, o tempo deixou claro que empresas que investiram em carros mais luxuosos ou de grande desempenho (como a Chrysler, com o Dodge 1800/Polara, ou a Ford, com o Maverick) haviam tomado uma decisão errada, sofrendo, dadas às novas circunstâncias, quedas acentuadas em suas vendas, o que se traduzia em grandes prejuízos. Assim, no primeiro semestre de 1974, a GM superou a Ford em vendas e se tornou a segunda maior montadora do Brasil, atrás apenas da Volkswagen.

John Beck, em entrevista à revista *Quatro Rodas*, afirmou: "Estamos vendendo todas as unidades do Chevette que produzimos. A capacidade do mercado é que foi um pouco além do que poderíamos esperar". Tanto era verdade que, em 13 de novembro de 1974, a produção acumulada do Chevette chegou a 100.000 unidades.

Ainda no início do ano, a imprensa especializada já noticiava, como furo de reportagem, que estava nos planos da GMB o lançamento da versão perua do Chevette, virtual concorrente da Ford Belina e da Variant, então grandes sucessos de mercado. Nessa fase, ainda não se sabia o nome do novo carro, mas havia uma certeza: seria bem-aceito pelo público.

1975 – CHEVETTE ESPECIAL

Em 1975 o Chevette não apresentou inovações externas de estilo, mas novas cores foram oferecidas. Internamente, surgiram novos padrões de revestimento, que poderiam ser escolhidos nas cores preto ou grafite. No mês de abril, a GMB apresentou uma versão ainda mais simplificada (e barata) do Chevette, denominada "Especial", nome herdado da linha Opala.

O Chevette 1975 não sofreu modificações. Na foto, o modelo L.

O modelo "Especial" foi uma tentativa da GMB de fazer um Chevette mais barato e ganhar mais compradores. A grade era mais simples (sem os filetes prateados) e as rodas vinham sem calota. O emblema da grade foi herdado do antigo Opala Especial.

Vendido por 32.950 cruzeiros, o Especial era realmente pobre: a grade do radiador perdeu os filetes prateados, ganhando do lado esquerdo o emblema "Especial", que era usado no antigo Opala Especial. As borrachas dos vidros deixaram de ostentar os frisos cromados e as calotas foram eliminadas, detalhes que lhe conferiam um aspecto de carro inacabado.

Internamente, o revestimento das portas e das laterais era rústico, as maçanetas das travas e a manivela dos vidros eram pretas. O puxador/apoio de braço deu lugar a uma alça de apoio fina (do tipo empregado opcionalmente no teto do carro), e os alojamentos dos cinzeiros traseiros foram fechados com o próprio revestimento plástico. O vidro traseiro passou a ser fixo e o assoalho era recoberto por tapete de borracha corrugado, que ajudavam a dar um aspecto pobre ao carro. O mercado não gostou do modelo, que só começou a vender bem após a GMB incluir diversos opcionais como equipamento de série.

Em termos mecânicos, havia poucas novidades, que também eram válidas para toda a linha Chevette. O freio a disco nas rodas dianteiras passou a ser item de série, e não mais opcional. A "panela" do filtro de ar, com entrada de ar pequena e pouco eficiente, foi substituída por uma cuja carcaça tinha tomada de ar curta e larga, além de ser mais leve. O carro passou a funcionar mais suavemente e as rotações subiam com mais facilidade.

O modelo normal do Chevette foi testado por Emerson Fittipaldi, nesse mesmo ano, juntamente com outros carros nacionais (Ford Belina, Ford Maverick GT, VW Passat, VW Brasília, Dodge 1800, Alfa Romeo 2300, Chevrolet Caravan, Puma GTB e Dodge Charger R/T) para a revista *Quatro Rodas*. "O Chevette é um carro sensacional, moderno, que considero um dos melhores de sua categoria [...]. Sua principal característica é ser seguro e ter boa estabilidade, talvez a melhor dos pequenos carros nacionais", escreveu Emerson. O piloto também elogiou o desempenho de um modo global, citando o sistema de direção, o câmbio e a suspensão, muito embora a tenha considerado a última um pouco dura e o nível de ruído exagerado.

Em 1975, o Chevette, que já era um sucesso de vendas, bateu o número de 150.000 unidades produzidas.

1976 – CHEVETTE SL E GP

Nessa época, devido à crise do petróleo, muitos consumidores migraram dos carros grandes para os modelos pequenos, mais econômicos, muito embora não desejassem, com isso, abrir mão de um acabamento mais luxuoso. Assim, em 1976, a GMB, em uma estratégia inversa à empregada no modelo Especial, optou por lançar o Chevette Super Luxo (ou, simplesmente, SL), de aspecto mais requintado, que rapidamente se tornou um grande sucesso. Passaram a existir, portanto, três versões do Chevette: Especial, Luxo e Super Luxo.

Geralmente fabricado em cores metálicas, o SL tinha molduras laterais de alumínio anodizado nas janelas, frisos nas caixas de ar e de rodas, filetes laterais pintados e mais dois frisos ligando as lanternas traseiras, sendo o espaço delimitado por ambos pintados de prateado, além de calotas com sobrearos raiados.

Internamente, apresentava melhor revestimento acústico, revestimentos em veludo cotelê (bem melhor que o escaldante vinil em dias de calor) e carpete de buclê. Os encostos dianteiros tinham encosto para a cabeça (na época chamado de banco

alto) e eram reclináveis por processo contínuo, uma novidade no Brasil em carros da categoria do Chevette. Curiosamente, o porta treco persistia, pois não havia porta-luvas com tampa. Outra novidade foi o interior monocromático (tendo o marrom como cor predominante), muito embora não devesse receber esse nome: pequenos detalhes (como o botão de buzina, os difusores de ar, a manopla da alavanca de câmbio e toda a parte inferior do painel) ainda vinham na cor preta. A única crítica foi direcionada aos pedais, que vinham com molduras prateadas. O intuito era lhes dar um visual requintado, mas, na prática, tiravam espaço e faziam com que os pés escorregassem, podendo causar acidentes.

Em termos mecânicos, a GMB decidiu tornar toda a linha do Chevette ainda mais econômica, realizando alterações no motor que permitiram uma diminuição no consumo de combustível da ordem de 10%. Entre estas mudanças, estavam o aumento da taxa de compressão (que passou de 7,3:1 para 7,8:1), alterações na calibragem do carburador e modificação na curva de torque do motor. Assim, a 100 km/h, o Chevette (que, segundo a fábrica, ganhou 1 cv) passou a fazer cerca de 12 km/l, ou seja, 2 km a mais que o modelo 1975. Houve, porém, um efeito colateral: eventualmente o motor do Chevette passou a "bater pino". Para evitar que isso

Novidade da GMB, o Chevette SL era uma opção de carro econômico, porém com luxo: o modelo contava com filetes pintados na lateral, supercalotas com sobrearo e frisos ligando as lanternas traseiras.

acontecesse, os engenheiros da GMB, sigilosamente, passaram a sugerir que o carro fosse abastecido com uma mistura de 80% de gasolina comum e 20% de gasolina azul, fato que, é claro, neutralizava o ganho financeiro obtido com a maior quilometragem por litro. Também surgiu um conduto que levava o ar diretamente do filtro para o coletor de admissão, fazendo o motor aspirar maior quantidade de ar, o que empobrecia a mistura. Por fim, molas e amortecedores foram recalibrados, deixando o carro mais macio, o que também exigiu mudanças nos coxins do motor.

Estas mudanças no motor também alteraram o desempenho do carro, que passou a funcionar melhor nas altas rotações. Na prática, o Chevette ficou mais lento de aceleração, da imobilidade até atingir aproximadamente 80 km/h, mas dava um salto a partir daí. Por exemplo: o modelo 1975 demorava 20,4 segundos para atingir 100 km/h, 1,3 segundos mais lento do que o modelo de 1976, que fazia em 19,1 segundos. A velocidade máxima também melhorava: se antes era difícil chegar a 135 km/h, passava para 140 km/h no novo modelo.

O Chevette GP possuía um visual mais esportivo, embora a mecânica e o desempenho fossem praticamente iguais aos do Chevette comum.

Nesse ano, a GMB resolveu patrocinar o GP do Brasil de Fórmula 1 e, em janeiro, lançou o Chevette GP (iniciais de "Grand Prix"), o "Carro Oficial do Grande Prêmio do Brasil", que teve uma unidade emprestada para que cada piloto que participou da prova circular pelas ruas e avenidas da cidade de São Paulo, ficando à disposição de Emerson Fittipaldi, José Carlos Pace, James Hunt, Jacky Ickx, Niki Lauda, Ronnie Peterson, Jacques Laffite, Mario Andretti, Carlos Reutemann, Clay Regazzoni e Lella Lombardi.

Atualmente, é muito difícil encontrar um Chevette GP com as características originais.

Mecanicamente o carro era idêntico aos outros tipos de Chevette, muito embora tivesse uma taxa de compressão ligeiramente mais alta: 8,5:1, o que aumentava sua potência para 72 cv (SAE) e a velocidade máxima para cerca de 144 km/h, mas facilitava o surgimento de "batidas de pino". Por tal motivo, como já ocorria extraoficialmente com o SL, a GMB passou a recomendar, de modo oficial, que o GP fosse abastecido com uma mistura de 9 litros (cerca de 20% da capacidade do tanque) de gasolina azul e 36 litros de gasolina comum, tal como ocorria com os primeiros Opala de motor 250S. Naturalmente, para certificar-se de que o problema não ocorreria, o ideal era abastecer o carro apenas com a gasolina de maior octanagem. É interessante notar que, a princípio, o Chevette GP deveria utilizar o mesmo motor de quatro cilindros do Opala 2.500, tal como ocorria na Argentina com o Opel K-180 (versão do Chevette para aquele mercado), mas o plano acabou sendo alterado devido à crise do petróleo.

As outras alterações foram obra do departamento de estilo, que pintou o contorno dos vidros e os limpadores de para-brisas de preto fosco e aplicou faixas da mesma cor no capô, na tampa do porta malas e nas laterais, sendo que estas últimas contavam com as letras "G" e "P" vazadas na cor do carro. Outros detalhes do carro eram faróis de milha, espelhos retrovisores externos carenados (igualmente pretos), escapamento com ponteira cromada, rodas de aço de seis polegadas pretas com furos redondos (que empregavam porcas cromadas, sobrearos de alumínio e calotinhas plásticas centrais), "calçadas" com pneus diagonais Firestone Mini Sport de letras brancas. Internamente, o acabamento era semelhante ao do SL, mas o carro vinha de fábrica com volante esportivo Petri de três raios perfurados com aro revestido de material macio (espuma de poliuretano, uma inovação na época) e pequeno diâmetro. Por se tratar de um carro com características esportivas, houve críticas ao fato de o painel ser o mesmo do resto da linha, faltando pelo menos um conta-giros, além de termômetro, manômetro de óleo e amperímetro. Em suma, o Chevette GP era um Chevette quase normal, com um tratamento cosmético para ter um visual mais agressivo. Nessa época, o brasileiro era amante de carros com características esportivas, como provam o sucesso do Corcel GT e do recém-lançado Passat TS. Isso sem falar dos carros maiores, como Opala SS, Charger R/T e Maverick GT, verdadeiros sonhos de consumo.

No mesmo ano, surgiu o vacuômetro opcional (denominado "econômetro" e instalado no lugar do relógio) e houve o lançamento de uma série especial chamada "País Tropical", criada especialmente para o público jovem. O Chevette nessa configuração vinha de fábrica com rádio AM/FM/toca-fitas estéreo com dois autofalantes e balanceamento de som, além de interior "monocromático" marrom, com bancos reclináveis de encosto alto. Externamente, o País Tropical vinha com os retrovisores e as

Chevette série especial chamada "País Tropical". O carro era bem equipado, só que foi fabricado por pouco tempo e hoje é uma verdadeira raridade.

rodas do GP e era oferecido nas cores Bege Copacabana, Azul Clássico, Verde Ouro e Laranja Bronze (as duas últimas metálicas), com filetes laterais duplos.

Em fevereiro de 1976, a GMB comemorou a produção de 1 milhão de veículos produzidos no Brasil (um Chevette GP amarelo) e, em maio, a fabricação do Chevette nº 200.000.

No Salão do Automóvel realizado no fim daquele ano, a GMB expôs um protótipo denominado Chevette Monza. Desenvolvido pelo departamento de estilo da empresa, o modelo tinha rodas de liga leve, faróis quadrados e diversos apliques aerodinâmicos, como saias que começavam no painel frontal inferior, seguindo pela borda das caixas de roda dianteiras e terminando antes das caixas de ar. O mesmo ocorria na parte traseira. No capô, existiam duas faixas pretas, e o interior era bicolor.

Neste mesmo Salão, a Envemo mostrou versões modificadas do Chevette, uma delas com um novo cabeçote e com duplo comando de válvulas, criado por Pozzi. Este cabeçote, fundido em alumínio, era aletado e apresentava as palavras "Silpo" e "Bi-Albero" (ou seja, duas árvores/comandos). Foi nesse evento que o Chevette ganharia mais um concorrente, dessa vez produzido por uma fabrica recém-inaugurada no Brasil, a Fiat, que decidiu lançar por aqui o "147". Antes disso, a mesma faixa de mercado era disputada apenas com o VW Brasília (o Dodge 1800/Polara, por seu alto preço e consumo de combustível, não afetava as vendas do Chevette, e o mesmo ocorria com o Ford Corcel). O Fiat 147, por sua vez, se destacou por trazer algumas inovações para o mercado brasileiro, a começar pelo motor, que era instalado na dianteira na posição transversal (todos os carros nacionais da época tinham motor longitudinal). Com isso, o habitáculo do motor poderia ser reduzido, fazendo com que apenas 20% do volume do carro fosse destinado ao motor e à transmissão;

O protótipo chamado Chevette Monza, apresentado no Salão do Automóvel de 1976, não chegou a ser produzido.

o restante do espaço era reservado aos passageiros e à carga. Para aumentar o espaço do porta-malas, o estepe vinha instalado na frente, junto com o motor.

Fiat 147, novo concorrente do Chevette.

Com certeza, o Fiat 147 era um carro que chegava para agitar o mercado dos carros pequenos. O pequeno propulsor do Fiat 147 era de 1048 cc, e o carro desenvolvia uma potência de 50 cv e, aliado ao baixo peso, podia atingir velocidades próximas de 135 km/h, nada mal para a época. Além disso, ele era extremamente econômico, podendo fazer na estrada até 16 km/l. Enquanto isso, justamente devido ao Brasilia e ao 147, a equipe de engenharia da GMB já testava um Chevette Vauxhall, modelo inglês com carroceria hatchback (como o Opel City e o Chevette americano), que em breve teria sua versão.

1977 – MAIS ECONOMIA E SEGURANÇA

No último ano do Chevette "tubarão", que ganhou esse apelido por causa do capô mais adiantado em relação à grade, lembrando o nariz de um tubarão (O filme *Tubarão* tinha sido lançado em 1975), o carro ganhou novo painel, mais moderno, com instrumentos de escala colorida e porta-luvas (agora com tampa e chave), que apresentava acabamento imitando madeira no SL, o qual se repetia na parte superior das forrações de porta. Além disso, o SL, cujo interior "monocromático" marrom foi aprimorado (o botão de buzina e os difusores de ar, agora com acabamento cromado, também passaram a ser dessa cor), perdeu as molduras dos vidros laterais e, no meio do ano, passou a sair de fábrica opcionalmente com os espelhos do GP, com carcaça pintada na cor do carro. Era possível solicitar o item apenas do lado do motorista, sendo o do lado esquerdo também opcional.

Todos os carros da linha passaram a ter como itens opcionais pneus radiais série 70 (que melhoravam a estabilidade), luz espia no painel para denunciar problemas no circuito de freio e reostato para as luzes do painel. Outro opcional muito desejado

À esquerda, novidades na linha Chevette para 1977: Instrumentos de escala colorida e porta-luvas com tampa. Abaixo, o esportivo, que passou a se chamar GP II, foi apresentado no Salão do Automóvel no final de 1976.

era o servofreio. O veículo equipado com ele freava em menos tempo e com menor esforço do motorista, melhorando, assim, a segurança.

Modificações mecânicas, visando diminuir o consumo de combustível, fizeram o motor, agora denominado 1.400 E (sendo o "E" de "economia"), perder o cavalo extra obtido em 1976. Além da economia, outra vantagem era permitir uma curva de torque mais suave (melhorando nas baixas rotações). Foram modificados o comando de válvulas, a curva de avanço do distribuidor e a regulagem do carburador. Outro opcional muito vantajoso era o retorno de gasolina do carburador, sistema simples e funcional, que tinha como função devolver o excesso de gasolina para o tanque, diminuindo a ocorrência de "engasgadas" e deixando o veículo mais econômico. O retorno evitava, ainda, o bloqueio de vapor na bomba de combustível, que havia surgido devido ao aumento da porcentagem do álcool na gasolina. A fábrica dizia que, com essas modificações, o Chevette poderia fazer, em média, até 13,5 km/litro.

O Motor 1.400E deixou o Chevette mais econômico, fato comprovado em testes realizados pela fábrica.

O modelo "esportivo" sofreu algumas alterações, dando origem ao GP II. Apesar de algumas unidades terem saído de fábrica com as rodas do GP, a grande maioria dos GP II produzidos tinha novas rodas de aço de desenho esportivo (também disponíveis, opcionalmente, para outros carros da linha), pintadas de prata, com aro de 5,5 polegadas e "calçadas" com pneus radiais Goodyear Grand Prix S70. O painel sofreu as mesmas alterações feitas nos outros modelos da linha naquele ano, mas trazia, no lado direito, a sigla "GP" vazada na faixa.

O quadro de instrumentos ficou mais completo e passou a ter fundo prateado, ganhando um conta-giros de grandes dimensões. O marcador do nível de gasolina foi deslocado para o novo console, que tinha ainda vacuômetro (em uma posição muito ruim para a leitura constante), termômetro de água e voltímetro. O mais curioso, entretanto, é que, devido a dificuldade em se encontrar gasolina azul (que logo desapareceria dos postos), a GMB passou a disponibilizar para o GP II o mesmo motor com taxa de compressão baixa (7,5:1) do restante da linha Chevette, o que fatalmente diminuiu a sua potência. Por fim, surgiram as garras de para-choque de aço cromado e, a partir do mês de maio, a GMB passou a oferecer, sem custo adicional, o "econômetro" em todos os veículos que produzia, incluindo o Chevette, numa tentativa de atrair mais compradores.

O esportivo passou a se chamar GP II e ganhou novas rodas esportivas.

O esportivo GP II era disponível em cores berrantes.

À esquerda, o novo console com instrumentos do GP II. À direita, as rodas esportivas estavam disponíveis como opcional para toda a linha, só que sem o sobrearo.

1978 – A NOVA GERAÇÃO

Após sofrer uma pequena reestilização, a linha Chevette foi ampliada com novas versões e tornou-se apta a concorrer com os rivais que surgiriam no início da década seguinte.

No final dos anos 1970, praticamente todos os carros nacionais pequenos sofreram modificações em termos de estilo, fosse com a troca de para-choques, faróis e lanternas (Passat e Polara, por exemplo, ganharam grupos ópticos retangulares) ou com a alteração de toda a carroceria (caso do Corcel II). A GMB, tal como fazia com o Opala, optou por reestilizar o Chevette, dando-lhe um ar norte-americano.

O carro recebeu uma nova frente, com capô em forma de cunha e duas grades pequenas (com o logotipo "Chevette" em letra cursiva na grade direita); os faróis redondos vinham dentro de uma moldura quadrada, lembrando o Chevette feito nos Estados Unidos e alguns modelos da marca Pontiac.

O modelo Especial, que não possuía uma imagem positiva (tal como ocorria com os antigos carros populares da década de 1960), passou a se chamar simplesmente Chevette, sendo a linha completada pelos modelos L (de Luxo) e SL (de Super Luxo). Para sepultar de vez a lembrança do Especial, o modelo básico do Chevette passou a ser disponível com carpete no lugar do tapete inteiriço de borracha e bancos com reclinadores (apesar de baixos)

Em sua primeira reestilização, o Chevette ganhou nova frente.

À direita, o Chevette básico, que vinha sem calotas. À esquerda, o SL, com frisos nas laterais e entre as lanternas traseiras.

e revestidos por veludo de *nylon* (o vinil, um verdadeiro tormento nos dias muito quentes, foi aposentado). Surgiu também um novo volante (comum para toda a linha): de quatro raios, do tipo absorvedor de energia, e com botão de grandes dimensões revestido por borracha macia. As portas ganharam novo painel interno (que lembrava o usado no Opala), e o puxador deixou de ser a alça de teto adaptada.

Em termos mecânicos, a GM realizou poucas modificações na linha 1978, todas com a finalidade de diminuir o consumo de combustível, mantendo a mesma potência e torque com uma mistura de gasolina um pouco mais pobre. Houve a recalibragem do carburador e redesenho dos coletores de admissão e escapamento (com novas saídas individuais para cada cilindro), permitindo uma circulação mais homogênea do combustível e dos gases decorrentes do processo de combustão. Outra alteração mecânica visível, devido ao novo capô, foi a colocação do radiador com ligeira inclinação vertical, o que deixou a peça mais próxima do motor. Já a apreciada roda esportiva do GP continuava disponível como opcional em toda a linha Chevette.

Internamente, além do já citado volante, havia também um ressalto ao lado do pedal da embreagem, que permitia ao motorista descansar o pé em viagens longas (antes, este item só existia no luxuoso Alfa Romeo 2300).

Chevette L, o modelo intermediário entre o Chevette básico e o SL.

Estas modificações no carburador, aliadas ao novo desenho da frente, que melhorava o coeficiente de penetração aerodinâmico, fizeram com que o Chevette 1978 ficasse mais veloz, atingindo agora velocidade máxima em torno de 140 km/h. Assim, o carro era mais econômico e com desempenho melhor do que suas versões anteriores.

O modelo esportivo, em sua terceira e última geração, voltou a se chamar simplesmente GP, e sua nova decoração teve uma história interessante, conforme relatou o jornalista Paulo Celso Facin, na época, para a revista *Auto Esporte*: "Aliás, do ponto de vista do estilo, merece ser citada uma curiosidade. O novo GP iria ter o teto também de cor preta, que seria limitada pela linha de cintura do veículo; o design já estava aprovado quando a Ford lançou seu Corcel II GT com decoração quase igual, forçando a GMB a mudar a aparência externa de seu carro e deixar apenas capô, linha de cintura, molduras das janelas e parte das colunas dianteiras em preto, forçando um pouco a aparência geral".

À esquerda: luxuoso interior do modelo SL. O novo volante era comum para toda a linha.
À direita: apesar de raras, ainda saíram das concessionárias algumas unidades do Chevette com as rodas e calotas antigas.

Completando as alterações estéticas externas, os espelhos retrovisores do tipo esportivo e os para-choques eram pintados da cor do carro (contando ainda com borrachões), e as letras "G" e "P", agora pretas, foram deslocadas para as laterais do porta malas, tendo em vista que as faixas laterais tinham sido abolidas. Na traseira, as lanternas, unidas por uma faixa preta fosca, não tinham as divisões horizontais cromadas características do SL 1978. Internamente, os bancos eram revestidos em vinil e o volante de quatro raios tinha uma capa emborrachada de desenho exclusivo.

O motor do GP, basicamente o mesmo do Chevette comum, tinha um novo coletor de admissão feito de alumínio, que proporcionava uma mistura mais homogênea e melhor distribuída, mas ele deixava a desejar, considerando que tanto o Passat TS e o Corcel II GT eram mais potentes que os carros normais de série. A GMB apostava, portanto, no preço inferior (o Chevette GP era cerca de 10% mais barato) e no baixo consumo de seu produto, mesmo porque a montadora já tinha pronto o motor de 1.600 cm³ com câmbio de cinco marchas.

Novo Chevette GP, vinha com capô pintado de preto e os para-choques na cor do carro.

Paralelamente, alguns particulares passaram a adaptar para o pequeno Chevrolet os motores V8 de alumínio da GM norte-americana. Em geral, eram unidades que chegaram ao Brasil no início da década de 1960, equipando os Oldsmobile F85 Cutlass e Buick Special Skylark, veículos cujo valor de mercado, na ocasião, já era irrisório.

A convite da revista *Quatro Rodas*, o piloto Jody Scheckter, então vice-campeão mundial de Fórmula 1 (ele venceria o campeonato, em 1979, pela Ferrari), testou sete carros nacionais no Autódromo de Interlagos: Ford Corcel II, Alfa Romeo 2300 TI, Fiat 147, VW Variant II, VW Brasília, Dodge Polara e, obviamente, o Chevette. Scheckter considerou o Chevrolet e o 2300 os carros mais estáveis, firmes, fáceis de controlar e seguros nas curvas. Elogiou os engates precisos do câmbio do Chevette e também seus freios, mas não gostou do desempenho, do espaço interno e da mistura do estilo americano da dianteira com o europeu da traseira. E encerrou: "Acho importante considerar, no entanto, que esse é um carro pequeno – e estamos na era dos carros pequenos. Ele tem, por exemplo, tudo que o Dodge (Polara) oferece – e por um preço bem menor".

Interior do Chevette GP com volante exclusivo, a traseira com as lanternas unidas por pintura preto fosco e os carros disponíveis aos pilotos de Formula 1 na ocasião do Grande Prêmio do Brasil de 1978.

1979 – A "FAMÍLIA" CRESCE

No fim do ano de 1978, durante o XI Salão do Automóvel, a GMB apresentou a linha 1979, cuja maior novidade foi a já aguardada versão de quatro portas do Chevette, que visava atender grandes frotistas e o mercado externo (tal como o recém-lançado VW Brasília de quatro portas).

O Chevette quatro-portas foi uma das maiores atrações do XI Salão do Automóvel, de 1978.

O jeans (o tecido) foi criado nos Estados Unidos em 1850, como uma alternativa de roupa resistente, que ajudava a proteger trabalhadores nos garimpos. A primeira fábrica, cujo nome era Levi Strauss & Co., nasceu em 1857, e suas calças e jaquetas foram um sucesso imediato, perdurando por todas as décadas seguintes. No Brasil, o jeans virou febre nos anos 1970, tornando-se um verdadeiro sonho de consumo dos mais jovens. Foi nesse cenário que a Chevrolet lançou o Chevette Jeans, um carro destinado ao público que não tinha dinheiro para comprar um carro de luxo ou esportivo, mas que não se contentava com um carro básico. Outras fábricas também lançaram veículos com esse apelo: a Volkswagen já tinha em sua linha de montagem o Passat Surf, a Ford, o Corcel Hobby, e a Chrysler havia lançado no passado o Dodge 1800 SE.

O Jeans (o carro) foi baseado no Chevette básico de duas portas, com ausência de frisos no contorno das caixas de rodas e nas janelas laterais, mas, internamente, tinha detalhes do luxuoso modelo SL, como bancos altos com regulagem milimétrica. O interior era revestido (bancos e laterais) em tecido azul. Um detalhe curioso era o design dos porta-objetos das portas dianteiras e atrás do encosto do banco dianteiro, que tinham o formato do bolso de uma calça jeans.

Externamente, a única diferença em relação ao modelo básico era o adesivo

Chevette Jeans, série especial destinada ao publico jovem.
Os bancos e a as laterais do Chevette Jeans eram na cor azul, e o porta-treco da porta imitava o bolso de uma calça jeans.

"Chevette Jeans" (com textura imitando Jeans) no para-lama dianteiro e o para-choque pintado de preto. Era disponível exclusivamente nas cores Branco Everest, Azul Iguaçu e Prata Diamante Metálico, sempre com as rodas na cor cinza. Como toda série especial, o Chevette Jeans é um carro extremamente difícil de encontrar atualmente com suas características originais.

Além dessas novidades, em 1979 houve, em toda a linha, a substituição do vinil dos bancos por outro tecido mais macio, os apoios de braço traseiros passaram a ser embutidos (nos modelos de duas portas) e surgiram quatro opcionais interessantes: interior Château (ou vinho, já disponível no Opala desde o ano anterior), carburador de corpo duplo e duplo estágio, sistema de lavador elétrico do para-brisas com temporizador e vidro traseiro térmico.

Segundo a fábrica, com este novo carburador opcional, o Chevette ganhava 1 cv de potência, e ficava ligeiramente mais econômico. No trânsito lento, funcionava apenas o primeiro estágio, cujo intuito era a economia de combustível; ao se exigir mais potência, como numa ultrapassagem ou subida de ladeira, o segundo estágio começava a trabalhar, melhorando assim a aceleração em relação ao carburador comum. Mas, na prática, os números não foram comprovados, já que testes realizados por revistas especializadas mostravam que a velocidade máxima, a aceleração e o consumo de gasolina eram próximos aos dos modelos anteriores.

Vale também dizer que, nesse ano, o GP apareceu no último filme dirigido por Anselmo Duarte, (famoso diretor que havia ganhou a Palma de Ouro em Cannes na década anterior). A produção, denominada *Os trombadinhas*, teve como protagonistas Pelé, Paulo Villaça, Paulo Goulart e Francisco di Franco.

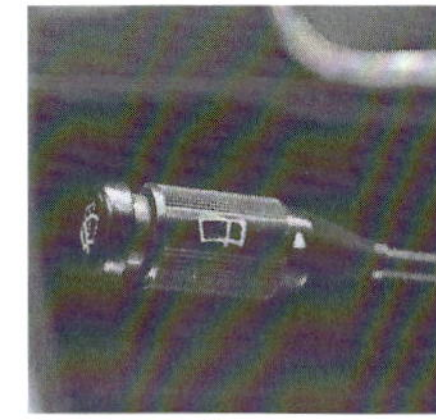

Alavanca de acionamento do lavador de para-brisas elétrico.

Novidade para 1979: interior na cor Château.

1980 – CHEVETTE HATCH

No final de 1979, quando o encerramento da produção do GP já estava definida, o Departamento de Estilo da GMB começou a montar um Chevette experimental, denominado S/R, cujo protótipo foi feito em cima do sedã de duas portas. Além do motor 1.6, o protótipo S/R tinha capô sem grade, razão pela qual utilizava um para-choque dianteiro de fibra de vidro com spoiler e tomadas de ar. O citado capô, também de fibra de vidro, tinha ainda um grande ressalto central (para permitir o uso de dupla carburação), e os faróis eram cobertos por vidros lisos esverdeados.

Lateralmente, a borda das caixas de rodas dos para-lamas sobressaiam, interligavam-se sobre as caixas de ar e formavam quase um estribo, que contava com uma saia de borracha inferior. Tal item, semelhante ao utilizado nos Chaparral da década de 1960 e em carros de Formula 1 com efeito solo, hipoteticamente reduzia a sustentação aerodinâmica provocada pelo ar que passava por baixo do carro. Na traseira também havia o para-choque de fibra de vidro e ainda um pequeno spoiler na tampa do porta malas. As rodas eram exclusivas, o protótipo também tinha teto solar e era pintado de preto, com um gradiente lateral que chegava até o prata dos para-choques. Os bancos tinham capas com desenho xadrez cinza, e havia encostos de cabeça altos para os ocupantes dos bancos traseiros.

Novidades na linha 1980: novos para-choques, mais largos, e emblema "Chevette" redesenhado, e aplicado fora da grade. Já o borrachão na lateral era exclusivo do SL.

O motor de 1.600 cm³ vinha basicamente com o mesmo kit do Chevette americano, mas com taxa de compressão de 8,5:1 e dois carburadores Weber 40, e serviu de ensaio para um possível substituto do GP (que o revendedores esperavam com ansiedade), que não era páreo, em termos de desempenho, para o Passat TS e mesmo para o Corcel II GT. O protótipo foi licenciado com as placas amarelas AO 3507, de São Caetano do Sul, e tinha fotos expostas na sala do gerente do setor de imprensa da GMB. O protótipo foi usado normalmente por muito tempo e acabou sendo capa e alvo de reportagem na extinta revista *Motor 3*. Onze unidades

Novas lanternas, maiores e invadindo a lateral do modelo 1980. Na foto, o Chevette básico.

convencionais do Chevette que usavam protótipos desse mesmo motor 1.6 rodaram quase meio milhão de quilômetros, sendo que nove percorreram 30.000 km e dois percorreram 80.000 km.

A linha 1980 do Chevette apresentava algumas novidades. Em julho, o governo do general João Batista Figueiredo homologou o motor 1.400 movido a álcool, o que foi o pontapé inicial para a produção de carros movidos por esse combustível oriundo da cana-de-açúcar, bem vindos numa época de crise do petróleo. Outras novidades eram: os espelhos retrovisores externos de plástico ABS preto (opcional do lado do passageiro), cuja vantagem era a possibilidade de movê-lo para todos os lados (evitando quebras), novos frisos de alumínio e borracha lisa nas laterais (chamado de "borrachão", apenas na versão SL). As lanternas traseiras foram redesenhadas e invadiam a lateral. Os para-choques também sofreram mudanças, ficando mais largos e com acabamentos plásticos nas pontas (tendo ainda "borrachões" para os SL). Na dianteira, foram poucas as modificações. Os mais atentos percebiam uma ligeira mudança nas grades, com os frisos horizontais mais destacados devido à retirada dos motivos verticais externos. O emblema "Chevette" foi redesenhado o migrou para o lado direito do capô (para quem via o carro de frente).

Na parte interna, apenas algumas melhorias foram feitas, como o uso de tecido tipo *cashmere* como opcional (o estofamento do modelo básico era em veludo cotelê). Os bancos dianteiros eram feitos com espuma pré-moldada, o que permitiu um ganho de 9 cm para os passageiros do compartimento traseiro, atendendo assim uma reclamação dos proprietários do carro. O apoio de braço foi redesenhado com puxador incorporado (modelo SL), e o guarda-pó da alavanca de câmbio passou a ter desenho quadrado.

Nesse ano, o Chevette ganharia mais um forte concorrente, o VW Gol, que logo se tornaria um dos maiores fenômenos de vendas da empresa. Inicialmente, o Gol vinha equipado com o anêmico motor 1.300 do Fusca, com apenas algumas modificações que o fariam ganhar alguns cavalos insuficientes mesmo para a época. O carro tinha um desempenho sofrível, e não agradou o público. A VW, no entanto, logo corrigiu o erro e equipou seu novo carro com motor a ar 1.600. Com isso, as vendas emplacaram, fazendo do Gol uma "pedra no sapato" do Chevette, que, nesse ano, traria uma aguardada novidade: a carroceria hatch, também chamada de "dois-volumes".

Na realidade, o lançamento do Chevette Hatch estava um pouco atrasado no mercado brasileiro, pois já estava nos planos da GMB desde 1977. O modelo já rodava na Alemanha desde 1975, como Opel Kadett City, e meses depois foi lançado nos Estados Unidos e no resto da Europa.

O Chevette Hatch era 22,1 cm menor e possuía uma terceira porta, na traseira, mas tinha porta-malas menor, pois o tanque de combustível (que continuou com capacidade de 45 litros) e o estepe estavam instalados na parte de baixo, um do lado do outro, na posição horizontal. Com isso, o assoalho do porta-malas ficou mais alto que o do Chevette normal. No entanto, o banco traseiro podia ser rebatido, formando uma grande plataforma (como nas peruas, no Passat três-portas e no Fiat 147), levando dois passageiros e até 1.000 litros de carga. O problema era viajar com a família e o banco traseiro ocupado por passageiros – com certeza, a falta de espaço no porta-malas seria um problema. A solução seria deixar as ba-

O novo Chevette Hatch tinha a terceira porta na traseira. O encosto do banco traseiro podia ser rebatido.

gagens ultrapassarem a altura do encosto do banco traseiro, mas isso prejudicava a visibilidade traseira do motorista. Com a nova posição do tanque, o bocal de reabastecimento foi reposicionado, ficando na lateral direita. A plataforma de bagagens era de madeira, com acabamento de carpete, e dividida em duas partes: uma fixa, que cobria o tanque de combustível, e outra móvel, que permitia o acesso ao estepe. A GMB oferecia ainda uma tampa basculante como opcional para o porta-malas, item que escondia a bagagem e já existia na versão luxo do Fiat 147 (GL) e no Passat três-portas. O acesso ao porta-malas era facilitado pelo tamanho da terceira porta, que se mantinha aberta por ação de um amortecedor a gás.

A parte mecânica tinha os mesmos opcionais do Chevette três-volumes (carburador de corpo duplo e duplo estágio, e servofreio), e o desempenho e o consumo também eram semelhantes. A única diferença sentida pelo motorista era uma melhor estabilidade do Hatch. Isso era possível pela melhor distribuição de peso (traseira mais pesada) conseguida pelo novo formato da carroceria.

Quanto ao estilo, o Hatch agradou tanto o publico como os profissionais de imprensa. Era quase uma unanimidade a ideia de que, com a nova traseira combinando mais com a frente, o carro ficou com um visual mais moderno. A adoção da nova carroceria permitiu a ampliação do vidro traseiro e também o alongamento das laterais, melhorando, assim, a visibilidade. O carro estava disponível nas versões SL e básico (não havia a versão L no dois-volumes). Curiosamente, para combater o lançamento da GMB (que era mais barato que o Chevette

O Chevette Hatch era 22 cm mais curto. O porta-malas também era menor, porque o tanque e a estepe eram instalados debaixo do assoalho.

À direita, o modelo SL e, à esquerda, o modelo básico. Não existia modelo L versão Hatch.

três-volumes), a Volkswagen "segurou" o preço do Brasília (cujos dias já estavam contados) e equiparou o custo de seu carro, com diversos opcionais, ao do Hatch básico, o que certamente afetou as vendas iniciais do Chevrolet.

1981 – MARAJÓ E CHEVETTE S/R

Em 1981, os faróis redondos foram substituídos por blocos ópticos quadrados. Surgiu ainda a versão S/R, com a carroceria de modelo Hatch. O motor do S/R 1.6 de série, que se distinguia do 1.4 por ser pintado na cor vermelha, tinha o carburador duplo estágio progressivo, desenvolvendo 80 cv (SAE) a 5.800 rpm. Se comparado ao 1.400, o propulsor ganhou mais 201 cm^3, o que representava um acréscimo volumétrico da ordem de 14,4%, correspondendo a um aumento de 17,6% na potência e de 18,4% no torque, o que foi possível graças ao novo virabrequim importado dos Estados Unidos, que permitia um curso mais longo para os pistões: 75,7 mm contra 66,2 mm do 1.400. O câmbio não sofreu alterações, mas a GMB aumentou o diâmetro do eixo cardã, modificação que, devido à economia em escala, foi aplicada em toda a linha (e prenunciou a futura oferta do motor 1.6 para os demais modelos do Chevette). Com isso, o carro passou a atingir, com gasolina comum (que, na época, já continha álcool), 149 km/h, e demorava 16.55 s para ir de 0 a 100 km/h. Assim, a GMB corrigia um erro do passado com o Chevette GP, que pecava pela falta de potência.

O esportivo era fabricado nas cores Preto Formal ou Prata Lunar, com faixas laterais com *dégradé* (que iam do tênue prata até um pesado grafite), nas quais se localizavam as letras "S" e "R" vazadas, logo após as portas. Na frente, havia um grande spoiler, no qual foram instalados os faróis de foco difuso (neblina) que, no antigo GP, ficavam nas grades do radiador. Outro spoiler, menor, era fixado na tampa do porta-malas. Além disso, os para-choques, pintados de preto, tinham borrachões. Internamente, os bancos, como no protótipo, eram revestidos, tal como as laterais, com tecido branco e preto com estampa *pied-de-poule*. O volante era o mesmo do GP 1979, mas os instrumentos do painel perderam o acabamento prateado e ganharam números e ponteiros em vermelho fosforescente. O console, de novo desenho (ganhou um porta-treco), tinha os mesmos instrumentos do GP (apenas o vacuômetro "migrou" para o painel principal, razão pela qual o relógio passou a ficar na peça plástica), mas com a nova grafia.

A gama de produtos e versões do Chevette já era grande: modelo de luxo, básico, esportivo, carroceria de três ou dois volumes, além de duas, três ou quatro portas. Agora a GMB apresentava outra grande novidade no ano, aumentando

O novo esportivo da linha, o Chevette S/R, que substituía o antigo GP: carroceria Hatch e motor 1.6. O modelo era realmente veloz, sendo capaz de atingir até 150 km/h.

ainda mais as opções para o consumidor, desta vez com a versão perua chamada Marajó, fabricada nas versões básica e SL. Ela foi apresentada para a imprensa em setembro de 1980, mas as vendas tiveram início em outubro, já como modelo 1981. Concorrente da Ford Corcel Belina II e da Fiat Panorama (e das futuras VW Parati e Fiat Elba), a Marajó, fabricada apenas com duas portas, era 2 cm mais longa que o Chevette três-volumes e podia carregar 796 litros de carga, ou 1.510, caso o banco traseiro fosse rebaixado (ou 324 / 612 litros com bagagem até a altura dos vidros). Os vidros laterais podiam ser fixos ou móveis (estes últimos opcionais), e a GMB recalibrou as molas e os amortecedores do eixo traseiro. O tanque de combustível também era diferente e, instalado no assoalho, tinha capacidade para 62 litros, dando uma autonomia de até 900 km, algo importante em uma época na qual os postos de combustível, por lei, fechavam aos fins de semana e feriados.

A mecânica da Marajó era constituída pelo tradicional e conhecido motor de 1.400 cc, o que lhe dava um desempenho modesto, principalmente quando carregada. O problema é que sua principal concorrente no mercado, a Ford Belina, que inicialmente tinha o motor de 1.400 cc, já dispunha de motor 1.600 cc, tornando-se uma opção interessante numa faixa de mercado situada entre a Marajó e a Caravan. Para não ficar pra trás, a GMB, em agosto de 1981, optou em instalar na Marajó o

Nova perua Marajó, mais um veículo da linha Chevette. Os faróis quadrados eram a novidade do ano para toda a linha. Na foto, o modelo básico com as novas rodas de liga leve (opcional).

motor 1.600 do seu modelo esportivo SR. Com isso, o desempenho melhoraria, com velocidade máxima em torno de 146 Km/h e 16,70 s para acelerar de 0 a 100 km/h. A Marajó saía de fábrica com a devida furação para a montagem do cinto de três pontos, embora ele ainda não estivesse disponível.

Nesse ano, o estofamento também estava disponível em preto, cinza ou marrom, e surgiram alguns opcionais importantes, como novas rodas de liga leve (as primeiras do tipo a equipar o pequeno Chevrolet), carburador de duplo estágio progressivo (item de série no S/R), ar--condicionado, limpador/lavador do vidro traseiro (que surgiu com a Variant II, da VW, e só era disponível para a Marajó e o Chevette Hatch) e banco traseiro com encosto rebatível pela metade (opcional em todos os Hatch, permitindo levar cargas grandes e dois passageiros).

Um item optativo que merece destaque era a ventoinha do radiador acionada por embreagem eletromagnética, que surgiu no Brasil com o Corcel II, da Ford. O item desligava a ventoinha quando a temperatura do motor ficava abaixo de 85 °C e só voltava a ligá-la para auxiliar o arrefecimento quando o termostato indicava 90 °C. Assim, em velocidades mais altas, quando as correntes de ar faziam desnecessário uso da ventoinha, a hélice se desconectava, economizando combustível e diminuindo o nível de ruído. Já os freios ficaram ainda melhores, com a instalação de uma válvula equalizadora de frenagem no circuito traseiro que retardava o travamento das rodas. Com isso, o carro parava numa menor distância e sempre em linha reta, não demonstrando tendência a sair da trajetória.

O sucesso do Chevette Hatch no mercado brasileiro foi muito grande: ele vendia menos que o três-volumes, mas já havia conquistado um publico cativo. Prova disso é que foi vencedor do concorrido concurso do "Carro do ano", promovido pela revista *Auto Esporte*.

Nesse ano, o Chevette ganharia mais um concorrente, dessa vez da Volkswagen. Tratava-se da versão três-volumes do Gol, chamado Voyage, e que trazia como novidade o motor de 1.500 cc do Passat, refrigerado a água (o Gol ainda possuía o antigo 1.600 refrigerado a ar). Isso foi um golpe para o Chevette, já que o Voyage era mais moderno, tinha maior espaço interno e desempenho um pouco melhor que o pequeno da Chevrolet.

A Chevrolet passou a oferecer o motor a álcool, opcionalmente, em todos os carros da linha do Chevette exceto o S/R, pois os propulsores 1.6, a princípio, só eram fabricados na versão a gasolina (na verdade, as unidades a álcool já estavam sendo produzidas e estocadas desde meados de 1980). O "novo" motor, com pistões "cabeçudos" e sedes de válvulas mais fortes, tinha taxa de compressão de 10,5:1 (34,6% maior do que a da unidade a gasolina, de 7,8:1), mas o ganho de potência foi de apenas 1 cv. Outra alteração foi o emprego de um carburador de corpo duplo com fluxo descendente. Vale lembrar que o motor, os coletores de admissão e o escapamento do Chevette ficavam em lados opostos, o que não era bom quando se usava o combustível vegetal, tendo em vista que, quando ambos os coletores estavam do mesmo lado, ocorria um preaquecimento natural da mistura de ar e combustível. Esse fato era interessante, porque o álcool tem baixo poder calorífico (6.400 Kcal/kg contra 10.500 Kcal/kg da gasolina) e alta temperatura da curva de vaporização, dificultando a partida do motor quando frio.

Para resolver esta questão, o Chevette, como outros carros a álcool, tinha um sistema de partida a frio elétrico, cuja tecla de comando ficava a direita do rádio, que injetava a gasolina contida em um pequeno reservatório no carburador. O sistema contava com um sensor que media a temperatura do motor. Quando ela estava abaixo dos 15 °C, uma luz espia se acendia no painel, indicando ao motorista que a partida a frio tinha de ser utilizada. Assim, o motorista puxava o afogador, apertava a tecla e a soltava, esperando então cinco segundos para dar a partida. O motor tinha de ficar alguns segundos ligado sem o pedal do acelerador ser acionado, e só depois o carro podia ser usado normalmente com álcool. Por precaução, a partida a frio só funcionava quando as luzes indicadoras do sistema e da pressão do óleo acendiam, e havia ainda outra luz espia, informando se o reservatório de gasolina necessitava ser reabastecido.

Os carros com motor a álcool traziam tanque de combustível revestido com estanho, linha de combustível de PVC (que, infelizmente, tornava-se duro e quebradiço com o passar do tempo quando exposto a temperaturas superiores a 70 °C), filtro de álcool com elemento de papel específico e bomba de combustível com bicromatização alcalina, tratamento pelo qual também passava o carburador, pois o álcool corroía a liga de zamac (mistura de alumínio e zinco) de ambas as peças (o zinco era atacado, produzia óxido de zinco, e entupia os canais do carburador, impedindo a passagem do combustível). A bicromatização era uma zincagem de coloração amarela ou verde oliva, passivada em bricomato de sódio.

Visualmente, apenas um emblema com a palavra na tampa do porta-malas, adesivos com a informação na tampa do tanque de combustível e da "panela" do filtro de ar e o bloco do motor pintado de amarelo denunciavam que um Chevette era movido a álcool. Vale citar que o desenvolvimento dos motores Chevrolet a álcool (tanto do Chevette como do Opala) teve início em 1976, tendo sido liderado por André Beer, que enfrentou muita resistência interna por parte da engenharia da GMB para colocar o programa em prática. Nessa época, eram feitos três Chevette a gasolina para cada Chevette a álcool, pois o publico tinha certa desconfiança do combustível vegetal, algo que mudaria logo, como veremos adiante.

1982 – CHEVETTE OURO PRETO

Nesse ano, houve poucas novidades no pequeno carro da Chevrolet. Internamente, as manoplas das alavancas de câmbio e freio de mão ganharam formato mais anatômico, os pedais de comando ficaram um pouco mais largos e os bancos dianteiros passaram a ser montados em um plano mais baixo (aumentando o espaço interno existente entre o assento e o teto).

O Chevette passou a contar com ignição eletrônica para os motores a álcool (era, na verdade, um "opcional obrigatório", pois a fábrica a cobrava à parte e não entregava o carro sem ela) e com um tanque de combustível com maior capacidade para o sedã (de 65 litros, passou a ser de 85 litros). Os para-choques passaram a ser pretos na versão SL, com friso cromado e borrachões canelados (detalhe que se repetia nos protetores laterais), e o propulsor 1.6 do S/R tornou-se opcional nos demais modelos da linha (e não apenas na Marajó).

Outra novidade, também disponível como opcional para toda a linha, foi o novo

Em 82, os para-choques passaram a vir na cor preta para versão SL (esquerda), mantendo-se cromado na versão básica (a direita). Já o emblema "Chevette" no capô foi substituído por "Chevrolet".

1.6
CHEVROLET
SERVIBRAS

O Ouro Preto tinha visual esportivo; escapamento duplo e emblema "1.6" na traseira denunciando a cilindrada do carro. Contava ainda com spoiler na dianteira e rodas na cor do veículo.

câmbio de cinco marchas (também usado, com pequenas alterações, no Opala 2.500). Nele, a ré era acionada pressionando a alavanca e colocando-a ao lado da quarta, abaixo da quinta (antes, a ré entrava ao lado da primeira). O Chevette foi o quarto carro nacional – e o segundo de pequeno porte – com câmbio de cinco marchas, tendo sido precedido pelos modelos FNM JK 2000/TIMB/2150, Alfa Romeo 2300/TI e Ford Corcel II/Belina II.

Com a quinta marcha, o Chevette passou a aproveitar melhor a potência do motor, que se tornou mais silencioso por trabalhar com menor giro. A velocidade máxima e a aceleração não apresentavam muita diferença em relação ao câmbio de quatro marchas, mas o principal benefício era um menor consumo de combustível, principalmente na estrada, quando se usava a quinta marcha por mais tempo. Naqueles tempos de combustível caro, qualquer economia, por menor que fosse, era sempre muito bem-vinda. E também teve início, por parte de oficinas particulares, a "febre" da adaptação dos motores Opala 2.500 e 4.100 no Chevette.

Por fim, no início de 1982, houve a oferta de uma nova série especial denominada "Ouro Preto". O nome era uma homenagem à cidade mineira de Ouro Preto, famosa e muito visitada por sua bela arquitetura colonial. Os carros eram equipados com o motor 1.600, servofreio, ignição eletrônica e pneus radiais sem câmaras, eram oferecidos exclusivamente nas cores Preto Formal e Dourado Caramelo Metálico e contavam com spoiler dianteiro (preto), rodas de acabamento na cor do carro com parafusos na cor preta, mesma cor das máscaras do farol e das maçanetas das portas. Já os vidros eram do tipo ray-ban (muito apreciado naquela época). Havia decalques com o nome "Ouro Preto", em dourado com detalhes em preto, nos para-lamas dianteiros, além do emblema "1.6" na tampa do porta-malas, denunciando a cilindrada do carro. O espelho retrovisor do lado do passageiro era item de série, assim como a saída dupla do cano de escapamento, que conferia um ar de esportividade ao carro.

Internamente, o Ouro Preto vinha equipado com quase todos os itens que eram opcionais da linha Chevette, como bancos de encosto alto com regulagem milimétrica, volante esportivo, janelas traseiras basculantes, temporizador do limpador e lavador elétrico do para-brisa, tampa do porta-luvas com fechadura e chave. Havia também um console central com quatro instrumentos redondos: medidor de combustível, temperatura do motor, voltímetro e relógio elétrico a quartzo. A cor interna predominante era o preto.

A característica de um carro Série Especial como o Ouro Preto (ou o antigo Jeans) é que ele é construído por curto período de tempo (geralmente 1 ano) e em pequeno numero, sendo destinado a um publico especifico. No entanto, diferentemente do que se imaginava, esse tipo de carro acabava perdendo valor de revenda, muitas vezes por suas cores pouco comuns e berrantes. Com o passar dos anos, a maioria das unidades do Ouro Preto foi descaracterizada, tornando-o quase extinto, o que os tornou carros muito apreciados e valorizados atualmente.

Nesse ano, a Marajó, por sua vez, ganhou mais uma forte concorrente: a Parati, a versão perua do Gol, que logo se tornou um sucesso comercial.

1983 – REESTILIZAÇÃO E CHEGADA DA CHEVY 500

Apesar de defasado, o Chevette continuou sua incrível carreira de sucesso com novas versões, que o permitiram marcar presença no mercado nacional até a década de 1990.

O Chevette 1983 ganhou um novo concorrente, o Ford Escort, e sofreu um extenso processo de reestilização, tendo como base o design do bem-sucedido Chevrolet Monza. Dizia a fabrica que o Chevette ganhava 30 itens totalmente novos e mais 15 itens sensivelmente aperfeiçoados. O novo desenho do capô tornou a frente mais baixa e suavemente inclinada. Também era novo o conjunto óptico com faróis retangulares e lanternas envolventes integradas. A nova grade, agora de material plástico, vinha com a "gravata" Chevrolet bem ao centro. Para-choques cromados (de polainas grandes) e novo

À direita, Chevette 1983, totalmente reestilizado. Nas fotos, o modelo SL.

painel frontal inferior deram nova vida ao veículo. No entanto, os para-lamas dianteiros tinham uma curvatura lateral exagerada, apresentado bordas salientes, dando a impressão de que o carro havia batido. Fato semelhante ocorreu, na década de 1960, com os Simca Regente/Esplanada, que eram uma reestilização do modelo Chambord.

Curiosamente, a GMB passou a equipar o carro com quebra-ventos, trocou as persianas de aço pintado da coluna "C" por outras de plástico ABS preto e adotou um novo tipo de espelho retrovisor externo, com braço sanfonado e controle interno, similar ao do Monza. A tampa e o painel do porta-malas (no qual passou a ser fixada a placa de licença), as lanternas e o para-choque traseiro também eram novos.

Acima, o novo Hatch e, abaixo, a nova Marajó. Uma das novidades para 1983 era o quebra-vento (primeira vez no Chevette).

Por dentro, apesar de os instrumentos não terem mudado muito, o painel também era inédito, com linhas mais retas, como era moda na época. O volante lembrava o do Opala (com dois raios e formato de V invertido), os bancos eram mais anatômicos, as maçanetas das portas passaram a ser embutidas e as máquinas dos vidros finalmente foram reprojetadas, não exigindo tantas voltas na manivela para levantá-los.

O motor a álcool de 1.400 cm^3 foi substituído por outro de 1.600 cm^3, que desenvolvia 79 cv SAE (ou seja, 10 cv a mais que os motores de 1982) e tinha sistema de partida a frio simplificado (o sistema passou a ser automático, como era no Monza). Este propulsor tinha melhor eficiência e realizava partidas mais rápidas devido à câmara de combustão de chama rápida (efeito ciclone), também presente nos motores a gasolina de 1983. Agora, o duto de admissão forçava a mistura ar/combustível a percorrer um trajeto espiralado em torno da válvula de admissão, aumentando a turbulência. A mistura se tornava mais homogênea e entrava na câmara de combustão com maior velocidade, facilitando a queima. Já o motor a gasolina continuava com opção de 1.400 ou 1.600 cc.

Na prática, com este novo motor a álcool, o carro ganhava em desempenho, atingindo a velocidade máxima em torno dos 150 km/h, ao mesmo tempo que ficou mais econômico, principalmente quando equipado com o câmbio opcional de cinco marchas.

As versões na linha Chevette 1983 eram as mesmas do ano anterior: o Chevette Sedan continuava disponível em duas ou quatro portas, a Marajó com apenas duas e o Hatch com as tradicionais três portas. Todos eles dispunham da versão básica e da versão de luxo com o mesmo "sobrenome" SL. Externamente, a diferença dos modelos básicos para o SL era que o modelo de luxo vinha equipado com borrachão na lateral com emblema "SL" na porta, perto do para-lamas, e possuía frisos cromados no contorno das janelas.

Em setembro de 1983, surgiu a versão picape do Chevette, denominada Chevy 500, utilitário leve que foi uma espécie de resposta da GMB ao sucesso da Fiat City (derivada dos 147/Panorama), da Ford Pampa (derivada do Corcel II) e da Volkswagen Saveiro (derivada dos modelos Gol/Voyage/Parati). Muitos ainda se lembram da campanha publicitária da Chevy 500, que trazia como trilha uma versão do sucesso "Sou boy", famoso hit do cantor Kid Vinil com o grupo Magazine. A Chevy 500 seria o último produto lançado pela GMB derivado do Chevette e, igual aos outros carros da linha, tinha a versão SL e básica, além dos outros opcionais. Apresentava ainda opção de motor a álcool e a gasolina.

A Chevy 500 obteve grande êxito e foi muito procurada por ser a única picape derivada de carro pequeno do mercado nacional com tração traseira. Por ser ágil e econômica, atendia não só as necessidades do pequeno empresário, mas também do público jovem. O assoalho da caçamba, devido ao cardã e ao eixo motriz, era um pouco alto –, tinha 43 cm de altura, mas isso se revelou uma vantagem na hora de manusear a carga, e também permitia o uso da suspensão traseira por molas helicoidais do Chevette (a Pampa, da Ford, por exemplo, requeria o uso de feixes de mola), uma das razões do conforto oferecido pelo utilitário da GMB.

Mais novidades: a persiana na coluna C (agora de plástico) e novos painel e volante.

Nova Chevy 500, versão picape do Chevette.

Como nem tudo é perfeito, a Chevy 500 tinha a menor capacidade de carga do mercado: 430 quilos, contra 500 da City e da Saveiro e 530 da Pampa, mesmo tendo esta a opção do sistema de tração nas quatro rodas (ou seja, podia vir com diferencial traseiro, como a Chevy 500). O estepe ia atrás do banco do passageiro, sendo que os encostos tinham regulagens (opção inexistentes na Saveiro) e, como na City (cujo estepe ia no compartimento do motor), havia espaço para usá-los de fato, ao contrário do que ocorria na Pampa. O curioso é que, no produto da Ford, o estepe era montado na caçamba, o que ainda facilitava o furto da roda e do pneu.

A rival Fiat lançou um novo concorrente para o Chevette Sedan, o Oggi, versão três volumes de duas portas do 147/Panorama/Spazio/City, que não teve vida muito longa. Tratava-se de um *stopgap*, um produto cuja produção foi iniciada simplesmente pelo fato de que a nova "família" da Fiat, composta pelos veículos do projeto Uno, não estava pronta. O Oggi é, atualmente, muito raro (e mais ainda na sua versão esportiva CSS ou com o "pacote" de luxo Pierre Balmain).

A GMB contabilizou uma baixa em 1983, pois a versão esportiva S/R não estava mais disponível. Porém, dez anos após o seu lançamento, o Chevette finalmente ultrapassou o Fusca em vendas. Nas unidades destinadas ao mercado interno, a soma das vendas do Chevette três-volumes normal contabilizaram 66.714 unidades, contra 64.783 do Fusca, líder de mercado desde os anos 1960 (considerando as versões a álcool e a gasolina dos dois carros). Mas caso fosse contabilizada toda a produção das variações do Chevette (Marajó, Hatch e Chevy 500), incluindo os CKDs exportados, a vantagem do carro da Chevrolet seria muito maior. Nesse caso, seriam 103.311 unidades do Chevette (e derivados) contra apenas 76.935 unidades do Fusca, incluindo modelos em CKD (caso de curiosas 11.016 unidades do 1.500, cuja última unidade para o mercado nacional foi vendida em 1975).

Ainda em 1983, houve um fato curioso, desta vez ligado às pistas de corrida. A Confederação Brasileira de Automobilismo (CBA) instituiu o Campeonato Brasileiro de Marcas e Pilotos, disputado por carros de turismo de quatro cilindros, como Voyage, Oggi, Escort e, é claro, o Chevette. A GMB não se interessou muito pela proposta, pois era mais cômodo investir na Stock Car, categoria monomarca disputada pelo Opala (ou seja, não havia como a montadora não se promover, independente dos vencedores das corridas). Porém, como a Volkswagen, a Fiat e a Ford decidiram investir no novo campeonato, a GMB, a contragosto, também o fez.

Ingo Hoffmann foi convidado para disputar a categoria com o Chevette (o faria em parceria com Chico Serra), pois era sócio da Promosports, empresa contratada pela GMB para cuidar da Stock Car. O desempenho do Chevette, porém, não era páreo para os concorrentes e, como a montadora não investia em seu desenvolvimento, seus resultados nunca foram bons até alguém ter a ideia de usar no Chevette de corridas o cabeçote do Monza. A manobra fez o carro ganhar o apelido de "misto-quente" (o mesmo dado, anos antes, aos motores Chevrolet Brasil que eram convertidos para o uso do Diesel através da adaptação de cabeçotes Mercedes-Benz).

Parecia que a situação iria melhorar, mas, apesar do bom desempenho, as quebras se tornaram frequentes. O problema é que o motor do Chevette havia sido projetado para atingir, no máximo 6.000 rpm e, com a alteração, estava chegando a 7.500 rpm. Descobriu-se que isso ocorria devido à falta de contrapesos no virabrequim, que torcia e perdia a sua película de óleo, raspando nas bronzinas até quebrar. A solução era, portanto, colocar mais contrapesos, mas a GMB não se interessou em resolver o problema e o Chevette saiu das pistas.

1984 – CHEVETTE SILVER LINE

Esse foi um ano de poucas mudanças para o Chevette. Uma delas foi o aparecimento do cinto retrátil de três pontos. Substituindo o antigo, que era apenas abdominal, este novo cinto oferecia maior segurança ao motorista e ao passageiro do banco da frente. A GMB também aumentou o curso do acelerador no Chevette, uma mudança sutil que visava a um menor consumo de combustível. Quem dirigia o Chevette 1984 pela primeira vez e acelerava como nos outros carros a que estava acostumado tinha a clara sensação que o carro ela lento e "amarrado". Depois de pegar o jeito, no entanto, geralmente o motorista pisava mais fundo e percebia que o desempenho era adequado para a categoria.

Outra novidade do ano foi o surgimento de um novo rival, o Fiat Uno (que daria origem ao três-volumes Prêmio, à perua Elba, à segunda geração do furgão Fiorino e à nova picape Fiat).

Outro fato curioso de 1984 foi que a revista *Quatro Rodas*, como já havia feito com Emerson Fittipaldi e Jody Scheckter, convidou um promissor piloto de Fórmula 1 para testar diversos carros nacionais,

Fiat Uno, novo concorrente no mercado.

entre eles o Chevette SL. O nome desse jovem talento era Ayrton Senna da Silva.

Senna criticou o ruído do motor, que achou exagerado, mas achou o conforto e o acabamento razoáveis, e considerou os pontos fortes do carro os freios, a estabilidade e o desenho da carroceria do sedã. Entretanto, a maior virtude do carrinho da GMB, na opinião de Senna, estava mesmo na caixa de câmbio: "Nenhum outro [dos carros testados] apresenta um câmbio tão preciso". Os demais veículos presentes no teste foram Passat LS, Monza SL/E, Gol LS, Del Rey Ouro, Oggi CL, Escort GL, Alfa Romeo Ti 4, Parati GLS e Caravan.

Nesse ano, a GMB decidiu voltar a fabricar o modelo L, com uma nova série especial chamada Chevette Silver Line, lançada logo depois de o Opala também ter ganhado a sua, chamada Silver Star. Foram feitos 2.000 exemplares dessa versão do Chevette, e atualmente não se tem notícia de alguma unidade com suas características originais.

O Silver Line tinha os mesmos borrachões do SL, só que com a inscrição "Chevette L" perto da porta. Era oferecido somente na cor Prata Andino, com para-choques na mesma cor do carro. Até a gravata Chevrolet da grade do motor era cinza (nos outros era azul). Eram itens de série os vidros verdes e o desembaçador traseiro. Internamente, havia uma invasão de cinza: os bancos mais claros e o carpete mais escuro. O encosto dos bancos da frente eram altos.

1985 – CÂMBIO AUTOMÁTICO

O estilo básico do Chevette se manteve em 1985, ano no qual o departamento de marketing começou a estudar a fabricação de um modelo mais luxuoso. E a maior prova de que a GMB estava interessada nos consumidores que desejavam requinte com economia foi a oferta, nesse mesmo ano, de um opcional inédito para o Chevette, a Marajó e a Chevy 500: tratava-se do câmbio automático de três marchas, anteriormente só oferecido no Brasil entre 1979 e 1981 no já extinto Dodge Polara (o qual, porém, tinha quatro velocidades). Externamente, os carros da GMB equipados com este item contavam apenas com um emblema fixado no canto esquerdo da tampa do porta-malas com a palavra "Automatic". O conjunto de alavanca em formato de T (que tinha um botão do lado esquerdo para permitir o engate das marchas) e o seletor ficavam no assoalho, apresentando as posições P, R, N, D, 2 e 1. A relação do diferencial do Chevette automático era mais longa (3,90:1, muito procurada por quem adaptava no Chevette motores do Opala quatro-cilindros).

O Chevette com câmbio automático vinha com um logotipo na traseira com a palavra "Automatic". Na foto, o modelo L, que voltou a ser oferecido.

O preço era "salgado": em março de 1985, época de seu lançamento, o câmbio era oferecido por 3.800 cruzeiros, caracterizando um aumento de cerca de 35% em relação ao preço do modelo básico com motor 1.4, deixando-o tão caro quanto alguns veículos de porte médio. Mas havia uma razão para isso: a caixa, fabricada pela Holden, era importada da Austrália (algumas eram importados da França), o que foi possível graças ao fato de a GMB estar exportando os motores nacionais "Família II" para diversos mercados, incluindo o norte-americano, no qual tais propulsores foram usados no Pontiac 2000 Sunbird e no Buick Skyhawk, duas versões do projeto "J-Car" que, no Brasil, originou o Monza.

Na prática, o Chevette equipado com este tipo de câmbio era obviamente mais confortável de dirigir, principalmente no trânsito intenso das cidades, já que não havia o pedal de embreagem e as trocas de marchas eram automáticas. No entanto, havia um efeito colateral: apesar de a velocidade máxima ser a mesma do Chevette comum, a aceleração era mais fraca e o consumo de combustível maior, o que se devia, entre outras coisas, à utilização de apenas três marchas.

Outra mudança em toda a linha Chevette para 1985 foi a adoção da ignição eletrônica, tanto no motor a álcool como no a gasolina. Este último, aliás, ainda dispunha das versões 1.600 e 1.400. O motor de menor cilindrada, porém, vendia muito pouco, sendo feito praticamente só por encomenda.

No mês de dezembro daquele ano, com o apoio da GMB, o piloto e acrobata Carlos Cunha estabeleceu, com um Chevette SL vermelho, um novo recorde mundial sobre duas rodas, superando a marca de 23,5 m do sueco Keneth Erickson. O carro de Carlos, equipado do lado esquerdo com dois pneus maciços da marca Nova Tração, rodou por 32,982 km na Rodovia dos Bandeirantes, em um evento coordenado pelo então diretor de marketing da GMB, Gilberto Barros. Erick Marcos, representante do *Guinness Book of Records*, fez o relatório de homologação do feito. Foi a segunda grande marca para o carro naquele ano, pois, em 10 de junho, a fábrica de motores comemorou a produção do milionésimo motor Chevette.

O Chevette foi o segundo carro pequeno a oferecer o câmbio automático. Antes dele, só o Dodge Polara.

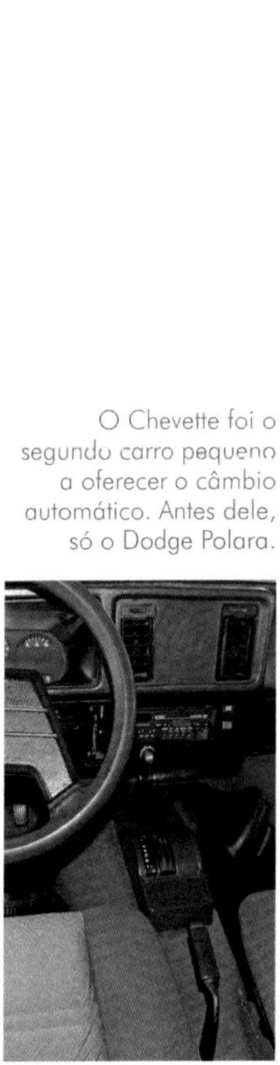

Nessa fase, a linha Chevette entrava num compasso de espera (igual ao de seu irmão maior, o Opala). O carro já estava envelhecido, ganhando nesses doze anos de estrada concorrentes mais modernos e com muito fôlego. Praticamente mais nada poderia ser feito para modernizar o pequeno da GMB, já que o projeto estava desatualizado, permitindo apenas mudanças cosméticas para lhe dar um "ar" de modernidade. O Chevette, porém, ainda era muito querido pelo consumidor e vendia relativamente bem. A fábrica tomava a atitude correta de deixá-lo no mercado enquanto houvesse publico, já que ele ainda oferecia preço e qualidade, além de ser um produto altamente confiável.

1986 – AR-CONDICIONADO

Em 1986, quando a Volkswagen deixou de produzir o Fusca pela primeira vez (o carro voltaria a ser fabricado em 1993), surgiu na linha Chevette a opção do ar-condicionado, que, ao contrário do modelo utilizado no Monza, não era embutido no painel e não contava com sistema de aquecimento. O ar-condicionado era produzido no Brasil com peças importadas dos Estados Unidos e do Japão, o que explicava seu alto preço.

Os carros que saíam de fábrica com tal item pesavam cerca de 30 kg a mais (o peso incluía os reforços para a instalação do conjunto), e por isso tinham molas dianteiras com mais carga e tampa do radiador diferente, para aguentar a maior pressão. Como o Chevette não foi projetado originalmente para ter este acessório, logicamente, houve mais adaptações, como a implementação de saídas de ar e comandos instalados abaixo do painel (do lado do passageiro), bem visíveis. Como se sabe, o ar-condicionado sempre roubava alguns cavalos do motor, prejudicando o desempenho numa ultrapassagem ou numa subida íngreme. Para reduzir o prejuízo, havia um dispositivo que desligava o ar-condicionado quando o motorista pisava fundo no acelerador, melhorando assim a segurança.

Obviamente, no nosso país tropical, com sol a maior parte do ano, o aparelho de ar-condicionado seria sempre bem-vindo, desde que o comprador estivesse disposto a pagar por ele. O consumidor que já possuía um Chevette e quisesse

Como o Chevette não foi projetado originalmente para ter ar-condicionado, as saídas de ar foram instaladas abaixo do painel, do lado do passageiro.

esse conforto, podia levar seu veículo a um concessionário Chevrolet para que ele pudesse ser instalado. Tratava-se, porém, de um serviço caro, pois, além do preço do aparelho, o carro deveria receber as modificações mecânicas citadas acima. Nesse mesmo ano, o número de picapes pequenas vendidas aumentou, o que foi um efeito colateral do Plano Cruzado, instituído em 28 de fevereiro 1986. O plano estabeleceu o congelamento de preços, e foram instituídas as famosas tabelas da Superintendência Nacional de Abastecimento (Sunab). O presidente da época, José Sarney, pediu que a população ajudasse a controlar as remarcações de preço, o que originou os "fiscais do Sarney". Com essas iniciativas, a taxa de juros e a inflação caíram, o dinheiro começou a sobrar no bolso da população e houve uma febre consumista sem precedentes.

Assim, a equipe econômica da época (Dilson Funaro, André Lara Resende, João Sayad, Luiz Gonzaga de Mello Belluzzo e Pérsio Arida) idealizou alterações no plano, mas elas foram vetadas pelo então presidente. Como a demanda era maior que a oferta de mercadorias, o ágio e o desabastecimento começaram a destruir o Plano Cruzado e, para evitar isso (e abastecer os cofres públicos), o governo criou um novo imposto, o empréstimo compulsório, que era da ordem de 30% sobre veículos e combustíveis.

Devido ao empréstimo compulsório, houve um aquecimento das vendas das picapes. Nesse ano, a Chevy 500 também era oferecida na versão furgão.

O compulsório, porém, só existia para carros de passeio, e não para os utilitários. E, caso o comprador fosse solteiro, a Chevy 500 podia ser adquirida com vários itens de luxo, como os já citados ar-condicionado e câmbio automático, além de vidros verdes, bancos com apoios de cabeça, cintos de segurança retráteis, temporizados/lavador de para-brisa, desembaçador com ar quente, câmbio de cinco marchas, pneus radiais cidade/campo, faróis halogêneos, embreagem eletromagnética da hélice do radiador, grade de proteção do vidro traseiro e pintura metálica. Assim, em 1986, as vendas da Chevy 500, cujo prazo de entrega nos concessionários chegou a ser de dez meses, aumentaram em cerca de 32.000 unidades.

A Marajó ganhou nova tampa, mais reta. A faixa preta entre as lanternas era característica do modelo SE.

1987 – CHEVETTE SE E O FIM DO HATCH

No final de 1986, surgiu o Chevette SE (já como modelo 1987), versão mais luxuosa que o departamento de marketing vinha planejando desde 1985. O SE passou a ser o carro mais caro da linha, e o SL passou a ser o modelo intermediário (o modelo básico continuou sendo denominado Chevette e o L deixou de ser fabricado, agora de forma definitiva). Tudo isso tinha uma única razão: driblar a política do Conselho Interministerial de Preços (CIP), que fiscalizava e tentava segurar os aumentos dos bens industrializados. O órgão, porém, não tinha parâmetros para definir o preço do SE (que era um veículo "novo"), mas apenas do SL, do L e do Chevette comum. E como o L virou o SL, foi possível para a montadora aumentar o valor do modelo intermediário sem grandes problemas, jogada que, juntamente com o surgimento do SE, deve ter compensado a menor lucratividade do Chevette básico.

As novidades estéticas em toda a linha Chevette eram maçanetas das portas na cor preta, mesma cor na nova grade (mais saliente), painel inferior dianteiro modificado (com tomadas de ar maiores) e para-choques de plástico preto com "alma" metálica (reforço interno de chapa), que nas versões de luxo vinham com um friso cromado na parte superior. As lanternas traseiras tiveram suas lentes avançadas em direção à placa, assim como no Ford Del Rey, macete que alterava um pouco o estilo sem que fosse necessário mudar os estampos da linha de montagem. Na Marajó, as lanternas eram as mesmas do ano anterior, mas a perua ganhou novo desenho da tampa, agora mais reta, harmonizando melhor com a nova frente.

Novidades na linha 1987: novos para-choques e grade do motor, além da entrada de ar maior na parte inferior.

No SE, as lanternas traseiras eram unidas com uma faixa decorativa em preto. Tinha também novas calotas plásticas que cobriam toda a roda (que eram as mesmas rodas dos primeiros Chevettes), proteções laterais mais largas e molduras dos vidros

O Chevette SE passou a ser o mais caro da linha. O modelo vinha com calotas e painel exclusivos.

pintadas de preto. Os novos retrovisores externos, semelhantes aos do novo Monza fase II, com capas fixadas diretamente nos batentes das portas, eram comuns a toda a linha, mas no SL e SE tinham controle interno. Um detalhe curioso sobre as novas calotas é que houve reclamações por parte dos compradores, já que elas dificultavam a calibragem dos pneus (as câmaras tinham bicos muito curtos) e precisavam ser retiradas para a realização dessa tarefa. A GMB corrigiria este erro providenciando bicos mais longos, meses depois.

O modelo básico tinha interior cinza, que também podia ser da cor tabaco no SL. No SE, além das duas tonalidades, havia ainda a opção do preto. Todos eles contavam com bancos dianteiros de novo desenho e travas internas das portas deslizantes, tal como no extinto Dodge 1800/Polara, demonstrando, assim, a preocupação da GMB com a segurança (as travas antigas, do tipo saliente, poderiam machucar os ocupantes do veículo no caso de acidentes e ainda facilitavam o furto).

Somente o modelo top de linha, o SE, ganhou um novo quadro de instrumentos, com mostradores no formato quadrado, que era semelhante ao do Opala e combinava, em desenho, com o botão de buzina reestilizado. O velocímetro vinha com hodômetro total e parcial, relógio digital e duas lâmpadas de led indicadoras de consumo, sendo a verde indicadora de economia e a vermelha de desperdício de combustível.

A alavanca que comandava os piscas, o lavador e o limpador de para-brisas também foi redesenhada, mudança que ocorreu em toda a linha. O console era novo e, na versão mais luxuosa do Chevette, apresentava quatro caixinhas para acomodar fitas cassete. As bases dos pedais de freio e embreagem ficaram mais estreitas, aumentando o espaço entre eles. Mecanicamente, apenas o servo e as pastilhas de freios foram redimensionados. Além disso, o nível de ruído também diminuiu, pois o SE tinha material fonoabsorvente na parede corta-fogo, detalhe no qual se equiparava ao Opala. Nessa época, as vendas do Hatch, que foi a grande novidade do começo da década, declinaram a tal ponto que o modelo correspondia a apenas 2,5% das vendas da linha Chevette, razão pela qual ele passou custar 20% a menos que o sedã, tornando-se o carro mais barato do mercado nacional. O curioso é que, em

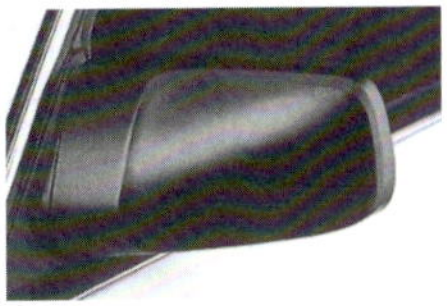

De cima para baixo, novo interior luxuoso do SE, nova lanterna traseira e novo espelho retrovisor (comum a toda a linha).

Marajó SE
modelo 1987.

1980, quando foi lançado, ele era mais caro que o Chevette convencional.

No segundo semestre, o modelo de quatro portas deixou de ser vendido no Brasil (embora tenha continuado em linha para atender encomendas de países como Bolívia e Colômbia, no qual era vendido como Chevrolet San Remo).

1988 – CHEVETTE SL/E: MAIOR POTÊNCIA

Em 1988, quando a produção do Hatch foi interrompida, foi apresentado o Chevette SL/E (substituindo o SE), e surgiu o motor 1.6/S (o "S" significava "Super"). Nesse novo propulsor (que já era oferecido desde o final de 1987), o comando de válvulas, os pistões e os pinos foram reprojetados. Os dois últimos tiveram seu peso reduzido para 92 gramas, enquanto as bielas passaram a ter apenas 83 gramas. Anéis mais finos reduziram as perdas por atrito, resultando em acelerações mais rápidas. O 1.6/S marcou ainda o retorno do carburador de corpo duplo, utilizado nos modelos a álcool do Chevette entre 1980 e 1983. Com a mudança na carburação (que era de duplo estágio: o segundo só entrava em funcionamento quando necessário, evitando o desperdício de combustível) ocorreu o aumento no torque em baixas rotações. A curva do avanço do distribuidor foi modificada e, para não ocorrerem problemas relativos à durabilidade do motor, a engenharia da GMB redimensionou as bronzinas e também o sistema de lubrificação, pois o motor teve as galerias de óleo redimensionadas. O motor 1.6S desenvolvia 82 cv a 5.200 rpm na versão a álcool, a mesma potência, inclusive, do motor 151 quatro-cilindros, fato que praticamente erradicou as adaptações de motores Opala 2.500 no Chevette.

O Chevette SL/E substituiu o SE. A novidade era a nova roda opcional, de liga leve, apelidada de "ralinho".

Na prática, o motor 1.6S deixava o Chevette mais "nervoso", apagando de vez a fama de carro lento. A velocidade máxima subia para 155 km/h (mais rápido que o Ford Escort) e a aceleração de 0 a 100 km/h era de 13 segundos. Na tampa traseira, do lado direito, um emblema "1.6S" denunciava o novo motor.

De resto, as novidades foram poucas: internamente os bancos ganharam novos estofamentos e novas combinações de cores entre o interior e o exterior. Os instrumentos tinham mostradores quadrados no SL/E e os antigos redondos no SL. Por fora, além do novo emblema na traseira, havia novas rodas de liga leve como opcionais, semelhantes às usadas no Diplomata até 1987 (apelidadas de rodas "ralinho"). Surgiram também alguns novos opcionais, como rádio AM/FM estéreo com toca-fitas e alarme eletrônico que, se alguém tentasse arrombar o carro, imediatamente acionava uma sirene junto com os piscas, além de cortar a corrente do motor de partida.

Com o fim do Hatch, o Chevette Sedan SL passou a ser o carro mais barato do Brasil, pois a versão básica praticamente não era mais oferecida no mercado comum, apenas por encomenda. A linha Chevette se resumia aos modelos Sedan, Marajó e Chevy 500, nas versões SL/E e SL.

A Chevy 500 ainda era a líder de vendas entre as picapes pequenas, à frente da Ford Pampa, da VW Saveiro e da Fiat City, e manteve as alterações do ano anterior, mas, no modelo SL/E, apresentava

Novidade para 1988: motor 1.6/S

Novo emblema: o "1.6/S" denunciava o novo motor.

adesivos laterais com grafismos em cores alegres e vibrantes, como azul, vermelho e rosa, tudo bem ao estilo "New Wave" da década de 1980. Ainda em 1988, o Grupo Garavelo e a Elsbett Máquinas e Motores montaram uma Chevy 500 com o motor Elko desenvolvido na Alemanha pela fundação Elsbett Konstruktion (daí a designação "Elko"), criada e dirigida pelo engenheiro de mesmo nome. O Elko tinha três cilindros em linha, turbocompressor, intercooler, 1.456 cm^3 e, curiosamente, também desenvolvia 82 cv.

O citado propulsor, feito em liga de ferro, podia trabalhar acima de 1.000 °C (temperatura superior, inclusive, à das tradicionais unidades a diesel) e queimava qualquer tipo de óleo. Contava com pistões divididos em duas peças (com cabeças de ferro e saias de alumínio) e buracos que agiam como câmaras de combustão. Rodando a 60 km/h, a Chevy 500 Elko era capaz de fazer 28 km/l alimentada com óleo de cozinha (óleo de soja) ou diesel. No entanto, surgiu um impasse: o piloto Eugênio Martins, que havia trazido o projeto do Elko para o Brasil quando era sócio da Puma, dizia ter os direitos de uso do motor. E o Elko, por razões que nunca ficaram completamente explicadas, acabou sendo abandonado, sendo desconhecido o paradeiro das unidades da Chevy 500 com ele equipadas.

Nova decoração da carroceria da Chevy 500 SL/E.

1989 – O KADETT

A linha Chevette já estava meio "cansada", não mostrando o mesmo vigor que possuía nos primeiros anos de sua existência. Por isso, em 1989, a GMB apresentou o moderno Chevrolet Kadett, versão do Opel Kadett da época, que era duas gerações mais novo que o Chevette. Oferecido apenas na versão hatchback, o novo carro tinha o mesmo motor "Familia II" do Monza e era oferecido, inicialmente, nas versões de 1.800 cm^3 SL e SL/E, bem como na GS, sendo esta de caráter esportivo, com motor 2.0 a álcool. Naturalmente, muitos proprietários do Chevette "migraram" para o Kadett, cuja linha foi ampliada, no ano seguinte, com o lançamento da perua Ipanema. O Kadett não nasceu com o intuito de substituir o Chevette, que ainda era o carro mais barato do Brasil (seguido de perto pelo Fiat Uno), mas seria inevitável que parte dos consumidores do Chevette migrassem para o Kadett.

Nesse ano, muitas novidades foram lançadas no mercado automobilístico, como o novo Ford Verona e o poderoso Gol GTi (o carro mais rápido do Brasil). Havia também outro fato interessante, que era a troca dos motores entre a Volksvagem e a Ford, com a recém-criada Autolatina (que uniu as duas fábricas). Com tudo isso, o velho Chevette passou o ano praticamente despercebido, quase não aparecendo em testes na imprensa especializada.

Mesmo assim, numa rara propaganda veiculada em algumas revistas, a GM tentava provar que o seu pequeno ainda estava vivo e ficaria assim por um bom tempo. Dizia a propaganda que o Chevette era um carro que o consumidor poderia adquirir pensando no futuro, já que ele oferecia durabilidade, bom desempenho, economia e baixo custo de manutenção. O texto terminava com a frase "O carro que no futuro ainda vai dar a você um ótimo presente". O fato é que as vendas do Chevette tiveram forte queda no ano: foram 62.032 unidades comercializadas; em 1988, foram 95.986. Parte desse resultado era consequência do fato de que a própria GMB estava dando mais atenção ao seu filho mais novo. Ficava claro que, quanto mais havia unidades do Kadett na linha de produção, menos espaço sobrava para o Chevette.

Muitos consumidores do Chevette migraram para o novo Chevrolet Kadett, embora não pertencessem à mesma categoria.

1990 – O FIM DA MARAJÓ

A única novidade de 1990 foram as rodas, que ganharam novos desenhos para a versão mais simples do Chevette (O SL) e para a Chevy 500 (SL/E e SL). Já o Chevette SL/E vinha com rodas de lida leve (ralinho).

As vendas da Marajó já estavam em baixa: para se ter uma ideia, em 1989, apenas 3.627 haviam sido comercializadas, e, nesse mesmo período, foram vendidas 32.552 unidades da VW Parati. Tal fato, aliado à expansão da família do Kadett com a perua Ipanema e, consequentemente, ao crescimento do número de vendas do Kadett, forçou a GMB a interromper a produção da Marajó, diminuindo ainda mais as opções da linha Chevette, que ficou apenas com o Chevette três-volumes e a picape Chevy 500.

Ainda em 1990, porém, ocorreu um fato que, por tabela, colaborou para manter o veículo veterano em linha: o surgimento do Gurgel BR-800, anteriormente denominado Gurgel 265/280 ou Cena (sigla de Carro Econômico Nacional. O BR-800 tinha cerca de 650 kg e motor de dois cilindros e 798 cm³. Como era um produto 100% nacional, o engenheiro e industrial João Augusto Conrado do Amaral Gurgel convenceu o governo a taxar o IPI (Imposto sobre Produtos Industrializados) do modelo em apenas 5% (os demais carros pagavam até 40%). Assim, enquanto um BR-800 custava 726 OTN (Obrigações do Tesouro Nacional, espécie de moeda paralela oficial surgida devido a maxidesvalorização do Cruzado), tanto o Chevette como o Uno custavam cerca de 1130 OTN.

Atenta a este fato, a Fiat, que já tinha experiência na produção de motores de baixa cilindrada (fazia unidades de 1.000 cm^3 para exportação), solicitou semelhante incentivo à ministra da economia do governo Collor, Zélia Cardoso de Mello, e conseguiu uma redução de 20% no IPI lançando, em agosto de 1990, o Uno Mille, com propulsor a gasolina de 944 cm^3, um sucesso que foi fabricado até 2013. A GMB passou, então, a trabalhar em um motor 1.0 para o Chevette, cujo lançamento ocorreria em breve.

As vendas continuavam em queda livre. Nesse ano, apenas 26.786 Chevettes encontraram novos donos, enquanto a Chevy perdia a liderança entre as picapes pequenas. Ao que tudo indicava, o fim estava cada vez mais próximo.

1991 – RUMO À MAIORIDADE

Em 1991, ano em que o Chevette completaria 18 anos de mercado, ele passou a ser disponível em apenas um modelo: o DL, que substituiu os antigos SL e SL/E. O DL era mais completo que o SL, porém mais simples que o SL/E. O mesmo era valido para a Chevy 500. Novas cores, borrachões laterais mais largos (com inscrição "Chevette DL" na porta, perto do para-lama dianteiro), molduras dos vidros pretas, novas rodas de alumínio exclusivas (opcionais) eram as novidades externas. Internamente, o DL vinha com equipamentos de série como luzes de cortesia, ventilador, relógio digital, velocímetro com hodômetro parcial, luzes de controle de combustível, volante de plástico espumado (com emblema "DL") e novas forrações. Muitos desses equipamentos eram opcionais no SL e SL/E. O câmbio automático, porém, saiu da lista de itens optativos, mas o comprador ainda poderia escolher o ar-condicionado e os vidros verdes.

Os últimos remanescentes da linha: acima, o Chevette DL com novas rodas de liga leve. Abaixo, a Chevy DL.

1992 – CHEVETTE JUNIOR

Nesse ano, surgiu a versão Camping da Chevy 500, que vinha de fábrica com cobertura da caçamba e era disponível em uma única cor de carroceria, o Branco Nepal, com faixas laterais exclusivas. As rodas e os para-choques tinham a mesma cor do carro. Quanto ao Chevette DL, a única novidade foi o catalisador, cuja função era diminuir os poluentes expelidos pelo escapamento.

Chevette Junior, o popular da GM, que não fez muito sucesso.

A montadora colocou no mercado o seu "carro popular", o primeiro concorrente do Uno Mille, denominado Junior. Ele tinha adesivos com esse nome nas portas dianteiras, vinha sem frisos laterais e com pintura preta na moldura dos vidros, que eram mais finos que os usados nos demais modelos da linha. Também não apresentava rádio, e o painel só contava com velocímetro de hodômetro total, marcador do nível de combustível, termômetro de água e luzes espia. O volante era de plástico duro.

Com motor a gasolina de 998 cm^3, o Junior desenvolvia 50 cv, três a mais que o Mille, mas o Chevrolet tinha motor mais antiquado e era também mais pesado devido à carroceria de três volumes (876 kg contra 820 kg) e o sistema de transmissão por tração traseira. Somando tudo, o desempenho era, em certas condições, inferior ao do veículo da Fiat, mesmo não contando com catalisador, item disponível no rival. Como compensação, o carro da GM tinha sistema mecânico superdimensionado. Com isso, as peças móveis do propulsor e a transmissão (câmbio e diferencial) funcionavam bem abaixo da sua capacidade real. Assim, o Junior também se tornava menos sujeito a quebras. Ele atingia a velocidade máxima de 131 km/h, e ia de 0 a 100 km/h em 22 segundos.

O painel simples do Chevette Junior.

Tanto no Junior como no Mille, o câmbio era de cinco marchas, e o espelho retrovisor externo direito e os encostos de cabeça dos bancos eram opcionais. O temporizador também era item optativo no Chevrolet, mas nos dois a água do limpador de para-brisas era esguichada no vidro por meio de uma arcaica bomba de pé. Na mesma época, a VW, visando obter a mesma redução no IPI conquistada pela GMB e pela Fiat, lançou o Gol 1.000, que utilizava o motor AE 1.0 (Ford/ Renault), graças ao acordo que celebrou a criação da Autolatina. Em 1993, porém, já com Itamar Franco (vice de Fernando Collor) na Presidência da República, a Volkswagen relançou, com incentivos fiscais, o Fusca de motor 1.600, obtendo para ele e a Kombi a mesma redução no imposto. A GMB, é claro, aproveitou a oportunidade e solicitou o mesmo benefício para o Chevette, alegando a concepção antiga de seu motor (como era o caso do VW a ar).

Como esperado, com a chegada do Junior, as vendas de Chevette tiveram um aumento. Durante 1992, foram vendidos 29.628 unidades, contra as 20.554 do ano anterior. No entanto, a produção do Junior durou muito pouco, conforme veremos a seguir.

1993 – O FIM DE UMA ERA

Tendo obtido a redução do IPI para o Chevette de 1.600 cm^3, a montadora interrompeu a produção do Junior e o substituiu pelo também despojado L 1.6, movido a álcool ou a gasolina. Como tinha maior cilindrada e potência, o L 1.6 era superior em velocidade e aceleração, se comparado com o Fiat Mille e o Gol 1.000, o que fazia dele uma boa opção para o consumidor. Porém, para obter tal vantagem no imposto, a GMB se comprometera a lançar um novo motor 1.0., que foi lançado em 1994 com o Chevrolet Corsa (na verdade, era uma versão modificada do "Família II"), carro que substituiu o Chevette. Sua produção foi encerrada em 12 de novembro de 1993, finalizando o ciclo de dez anos de sua terceira e

Última "fornada" de Chevette. Trata-se do modelo L, que nada mais era do que o Junior equipado com motor 1.6 S.

Uma era chegava ao fim: o Chevette deixaria muita saudade.

última reestilização, depois de vender 1,6 milhões de unidades. A produção da Chevy 500 foi mantida até 1995, ano em que foi lançada a versão picape do Corsa, que a substituiu e encerrou a epopeia do pequeno Chevrolet de passeio nacional, deixando muita saudades.

Um fato curioso foi que a Volkswagen reativou a produção do Fusca justamente no ano de despedida do Chevette. Foi como se o antigo rival comparecesse à festa de despedida daquele que fora seu inimigo. Atualmente, o Chevette convive pacificamente com o Fusca nos encontros de carros antigos espalhados pelo Brasil.

Surgido em 1973, na mesma época da crise do petróleo, o Chevette, foi pioneiro e bem-sucedido em muito sentidos: ele foi "o primeiro carro médio/pequeno e segundo veículo de passageiros produzido pela General Motors do Brasil, além de o primeiro carro mundial da GMC, posteriormente lançado na Europa e nos Estados Unidos", fatos destacados na edição especial da revista Panorama dedicada ao Chevette, em 1993, por André Beer, então vice-presidente da GMB. Além disso, a recepção e o carinho do consumidor brasileiro transformaram o Chevette, depois do Opala, no maior acerto da história da General Motors do Brasil.

SL

CAPÍTULO 3

CURIOSIDADES

FORA DE SÉRIE

Quando foi lançado no Brasil, o Chevette era um carro de projeto moderno, sendo bastante apreciado pelo público jovem, que queria um veículo estável, econômico e, sobretudo, barato, tanto na hora da aquisição como na manutenção. Esse tipo de consumidor, entretanto, não dispensava o status que o automóvel representava e, portanto, começou a equipar muitas unidades do Chevette com acessórios de caráter esportivo, conferindo ao pequeno Chevrolet um ar de exclusividade.

Atenta a esse fato, a revenda autorizada de automóveis Itacolomy (que tinha esse nome porque ficava localizada na rua Itacolomi, 692, em São Paulo, capital) decidiu oferecer um Chevette diferenciado para quem desejava um produto "exclusivo" antes mesmo de a GM lançar as versões GP e SL. A empresa era dirigida pelo piloto Reinaldo Campello di Lucca, que corria com o Chevrolet Opala 4.100 nas provas de Divisão 1. Não é de se admirar, portanto, que o modelo criado pela concessionária, baseado em modelos de série (para baratear o produto final) tivesse seu apelo focado em características esportivas, e não em acessórios de luxo. A escolha de tomar o Chevette como base ideal para a criação de modelos de características tão exclusivas foi também motivada pela crise do combustível e a ausência de carros importados no mercado.

Assim, a Itacolomy começou a montar (em sua outra unidade, localizada na avenida Angélica, 1951) o "Chevette 500", nome que fazia alusão à prova 500 Quilômetros de Interlagos. Versão tupiniquim do Camaro e do Chevelle Yenko, o Chevette 500, mecanicamente falando, diferia pelo coletor de admissão especial e pela dupla carburação Solex 40. Curiosamente, em uma época na qual as rodas de liga leve começavam a se popularizar, as do Chevette 500 eram de aço, mas sem sobrearos raiados (as calotas de inox permaneciam) e com tala larga. Os pneus, é claro, também eram mais largos, distribuindo melhor as massas não suspensas e assegurando maior eficiência nas freadas, algo interessante em uma época na qual reinavam os pneus diagonais estreitos.

Os vários detalhes do Chevette 500, da Itacolomy.

O interior era despojado, mas apresentava volante esportivo marca Pluma, de três raios, e rádio de teclas OM/AM (opcional no Chevette de linha). Por fora, a Itacolomy providenciara largas faixas negras pintadas que uniam as duas caixas de rodas, contando com a palavra Chevette e o numeral 500 vazados na altura das portas. O detalhe se repetia no painel do porta-malas, ao lado da lanterna traseira esquerda. Não existem registros de quantas unidades do Chevette 500 foram feitas pela Itacolomy de Automóveis S. A., muito embora a empresa exista até os dias atuais e ainda trabalhe com a bandeira da GM.

A próxima empresa que se aventurou a modificar o Chevette foi a Envemo – Engenharia de Veículos e Motores Ltda., que já havia feito o mesmo com o Opala. Localizada na rua das Olimpíadas, 237, em São Paulo, capital, ela optou por montar unidades personalizadas do carro (incluindo pelo menos uma unidade com cabeçote de duplo comando Silpo, feito por Silvano Pozzi) e fazer uma cópia, devido à falta de modelos conversíveis no mercado nacional, do Opel Kadett Aero alemão. Lançado em 1977, o Chevette Minuano, semelhante também a alguns BMW modificados pela Baur, tinha a carroceria reforçada, permitindo o corte da parte traseira do teto, então coberto por uma capota conversível. A carroceria targa contava com uma espécie de santantônio, que servia de apoio para a capota e exigia a diminuição dos vidros laterais, que eram móveis.

A propaganda anunciava todas as características do Chevette Minuano.

Naturalmente, com a eliminação das colunas traseiras, o carro perdeu uma de suas características mais conhecidas: o bocal do tanque de combustível escondido por persiana móvel. O novo bocal foi deslocado para baixo, ficando na lateral esquerda do Chevette. O veículo tinha ainda teto solar, para-choques pretos com borrachões e rodas de liga leve exclusivas. Os limpadores de para-brisa eram duplos, os faróis, bi-iodo e os vidros, do tipo ray ban.

Mas as mudanças não se resumiam ao monobloco, pois o Minuano tinha motor modificado pela própria Envemo. Tratava-se de um 1.600, com diâmetro e curso de 82 × 74,2 mm (contra 82 × 66,2 do 1.400 de 1977 e 82 × 75,7 do 1.6 de 1982). Apresentava comando de válvulas mais "bravo", coletor de admissão especial e dupla carburação Solex 40 EIS. O cabeçote podia ser rebaixado, com taxa de compressão para gasolina azul 8,7:1 (contra 7,8:1 do 1.400 normal) e potência de 84 cv a 5.800 rpm, contra 68 cv a 5.800 do 1.400 a gasolina de 1977. Molas mais curtas e amortecedores Barchi eram outras características do veículo.

Bem mais luxuoso que o Chevette 500, o Minuano tinha bancos anatômicos de encosto alto e reclináveis por processo contínuo. O volante, de três raios, cada qual com dois furos, era esportivo e contava com o "E" de "Envemo" no botão da buzina. No quadro de instrumentos, só era mantido o velocímetro, pois, do lado esquerdo, havia um contagiro VDO alemão para 7.000 rpm, sendo o conjunto completado por um termômetro e um marcador do nível de combustível. O console (com vacuômetro, voltímetro, manômetro e termômetro de óleo) se prolongava para trás e apresentava um porta-treco, cuja tampa servia como descansa braços. O porta-luvas apresentava tampa de desenho especial.

Foi contemporâneo do Minuano o 1700 C, Chevette modificado pela concessionária Chevrolet Convel. Com publicidade feita pela agência de propaganda McCann-Erickson, a Convel não poupou esforços para promover seu produto, muito embora esse não tenha tido uma carreira muito longa. O modelo tinha faróis de milha embutidos na grade (como no Chevette GP) e para-choques pintados de preto fosco, mesma cor das caixas de ar, das

Vista superior do Chevette Summer, da Dipave.

Chevette Envemo 1984.

maçanetas das portas, dos espelhos retrovisores externos e da área da carroceria que emoldurava os vidros laterais. O 1700 C tinha ainda calhas de chuva, volante esportivo, teto solar de lona e rodas de liga leve da marca Scorro, modelo Cruz de Malta, que empregavam pneus radiais de aço. O motor era modificado e tinha 1.700 cm³.

Em 1978, outra concessionária Chevrolet, a Bavesa – Bandeirantes Veículos Ltda., também localizada na capital do estado de São Paulo, seguiu o mesmo caminho da Itacolomy. O Chevette comum era semidesmontado na oficina da empresa, localizada na avenida Gastão Vidigal, 300, e lá retiravam-se os bancos e a forração interna do teto. Este último tinha a chapa cortada e recebia o teto solar importado. Eram montados para-choques de fibra de vidro, pintados na cor do veículo e reforçados com borrachões protetores. A grade preta era a mesma do Chevette GP II, com faróis de milha quadrados embutidos, mas as molduras dos faróis principais, também de fibra, tinham blocos ópticos quadrados do Fiat 147. Essas molduras, que também chegariam ao mercado de acessórios, resultavam em um arranjo semelhante ao que seria visto no Chevette 1982.

Também eram instaladas rodas de liga leve Scorro Cruz de Malta, calhas de chuva e bases para as placas cromadas, tipo Mercedes-Benz, acessório muito apreciado na época. Completando as alterações estéticas, a concessionária montava um pequeno spoiler, também feito em fibra de vidro, na tampa do porta-malas, sendo seus prolongamentos laminados nas laterais traseiras da carroceria. A Bavesa também substituía o para-brisa original, que era temperado, por um laminado que contava, ainda, com uma faixa superior *dégradé*.

Um pouco depois, em agosto de 1981, a Dipave, Distribuidora Paranaense de Veículos, apresentou o Summer, um Chevette conversível baseado no sedã de duas portas. Havia, ainda, o Opala Summer, que, com a mesma configuração, acabou ficando mais conhecido do grande público. Ambos os carros eram modificados seguindo o projeto do italiano Bruno Marchesini, que era diretor da Dipave, então localizada na rua Marechal Floriano, 3.380, em Curitiba. O serviço era realizado em carros novos ou seminovos.

O processo, cujo protótipo resultante havia sido homologado pelo Instituto Tecnológico do Paraná, tinha início com o "travamento" da carroceria com barras de aço soldadas, permitindo, assim, a retirada do teto sem que o monobloco perdesse a forma. Um reforço estrutural na parte traseira impedia que a carroceria se deformasse quando o carro rodasse por terrenos irregulares. A tampa do porta-malas era bem maior que a original e, com a inexistência da "coluna C", o bocal do tanque de combustível era instalado entre as lanternas traseiras, no painel do porta malas.

Algumas variações do Chevette Envemo.

Cada carro levava cerca de dois meses para ficar pronto, sendo que o Chevette Summer era oferecido nas versões normal e luxo. Esta última diferenciava-se por itens como pintura metálica, espelho nas duas portas, para-brisas *dégradé*, rodas Mangels Magestic cromadas com calotas raiadas. Internamente, o Summer luxo contava ainda com ar quente, console exclusivo, revestimento interno em couro e tecido (combinando com a cor externa), volante esportivo, som e vidros de acionamento elétrico nas portas. Por fim, em 1984, a Envemo lançou um kit de fibra de vidro para a personalização do carro que, aparentemente, foi a última grande iniciativa realizada nesse sentido.

O motor do Chevette preparado podia atingir mais de 100 HP.

AVALLONE TF COM MECÂNICA CHEVETTE

No começo da década de 1970, obteve muito sucesso, no Brasil, o MP Lafer, réplica de fibra de vidro com mecânica VW a ar do MG TD. Atento a isso, por volta de 1974, o folclórico jornalista, poeta, empresário e piloto Antônio Carlos Avallone teve a ideia de fazer outra reprodução do MG, mas tendo como base o modelo TF, de 1953.

Para dar forma a esse projeto, a Avallone Comercial, Industrial, Exportadora e Importadora contratou Arcady Zinoviev (engenheiro russo que fez parte da equipe de Fórmula 1 March), que procurou fazer um carro tecnicamente próximo do modelo original (ao contrário do que ocorria com MP Lafer), com motor dianteiro e tração traseira. Foi escolhido, então, o conjunto mecânico do Chevette, que era barato, econômico e moderno.

Para fazer o chassi, Zinoviev trabalhou nove meses no Brasil, desenvolvendo o protótipo e o gabarito. A estrutura, composta por vigas de aço com perfil U, exigiu que as carrocerias de fibra de vidro fossem 10 cm mais largas que a do MG original. A primeira unidade montada não tinha peças cromadas, que foram pintadas de preto, e pesava 750 kg, contra 818 kg do Chevette. A estreia do Avallone TF se deu no Salão do Automóvel de 1976, sendo o carro infinitamente superior, em termos de comportamento em estrada, do que seus rivais diretos (MP Lafer, Thunderbuggy Bugatti 35 e L'Automobile Alfa Romeo 1931).

Ao contrário de seus concorrentes, que utilizavam a mecânica VW a ar, o Avallone TF tinha comportamento quase neutro em curvas devido à distribuição de pesos: 51% na frente e 49% na traseira. Outra vantagem era o fato de ele não alterar a cambagem das rodas traseiras e ter direção por pinhão e cremalheira, com quatro voltas de batente a batente e diâmetro de giro mínimo de 9,8 m. Tudo isso, é claro, tinha seu preço: em fevereiro de 1977, o Avallone TD custava 107.863,15 cruzeiros, enquanto o MP Lafer podia ser adquirido por 89.694,00 cruzeiros.

Em comparação com o TD original, a réplica diferia em pequenos detalhes: o emblema da MG deu lugar a um unicórnio (símbolo da Avallone), o capô abria em peça única, os bancos eram anatômicos, existia um rádio toca fitas AM/FM estéreo e o volante, de fabricação nacional, tinha aro com 330 mm de diâmetro. As lanternas traseiras foram aproveitadas do Opala 1975/79, mas as rodas raiadas cromadas, com pneus radiais Pirelli CN36 185/70 HR 13, eram feitas com exclusividade para o carro.

A assistência técnica era feita pelos concessionários Chevrolet, mas, como o Chevette visava economia e não um desempenho esportivo, existia a opção do motor mais "quente". Equipado com dupla carburação Weber 40, ele tinha 1.660 cm^3, resultado obtido graças aos pistões maiores (84 mm contra os 82 mm originais) e ao girabrequim que ampliava o curso de 66,2 mm para 74 mm. As mudanças eram completadas pelo cabeçote rebaixado e pela taxa de compressão (8,8:1 em vez de 7,8:1), razão pela qual se fazia necessário o uso de gasolina azul, de maior octanagem.

Com o motor 1.400, o Avallone TF desenvolvia 132,964 km/h e acelerava da imobilidade até os 100 km/h em 18,15 s. Já com o motor especial, chegava aos 148 km/h e fazia de 0 a 100 km/h em 14 s. Mesmo assim, por ser um produto caro, as vendas da réplica eram baixas e o construtor, visando capitalizar a sua empresa, passou a oferecer o Avallone TF em forma de kit. Surgiu, assim, o modelo 6R, cuja primeira unidade foi finalizada no fim de 1978. O nome fazia alusão às seis rodas do carro, que tinha dois estepes nos para-lamas dianteiros. Não era exatamente uma réplica, pois apresentava grade no radiador e outros detalhes simplificados. Um detalhe curioso: a nota fiscal de cada exemplar só era emitida pela Avallone após ser feito um test drive com o carro.

Ainda em 1978, o carro foi apresentado no Salão de Genebra e também surgiu o modelo com motor Opala 2.500 que, no início dos anos 1980, deu origem ao modelo 11/2.5-MTC, que utilizava o motor 151 com turbina Garrett AiResearch, montada pela Enpro. Com o lançamento do Monza, o motor Família II também foi usado no Avallone TF, que ainda conservava componentes mecânicos do Chevette em seu chassi. O Avallone TF teve a sua produção encerrada em 1985, mas certas fontes afirmam que algumas unidades ainda foram montadas nos cinco anos seguintes.

Avalloni, o único fora de série brasileiro que utiulizava a mecânica do Chevette.

AVALLONE

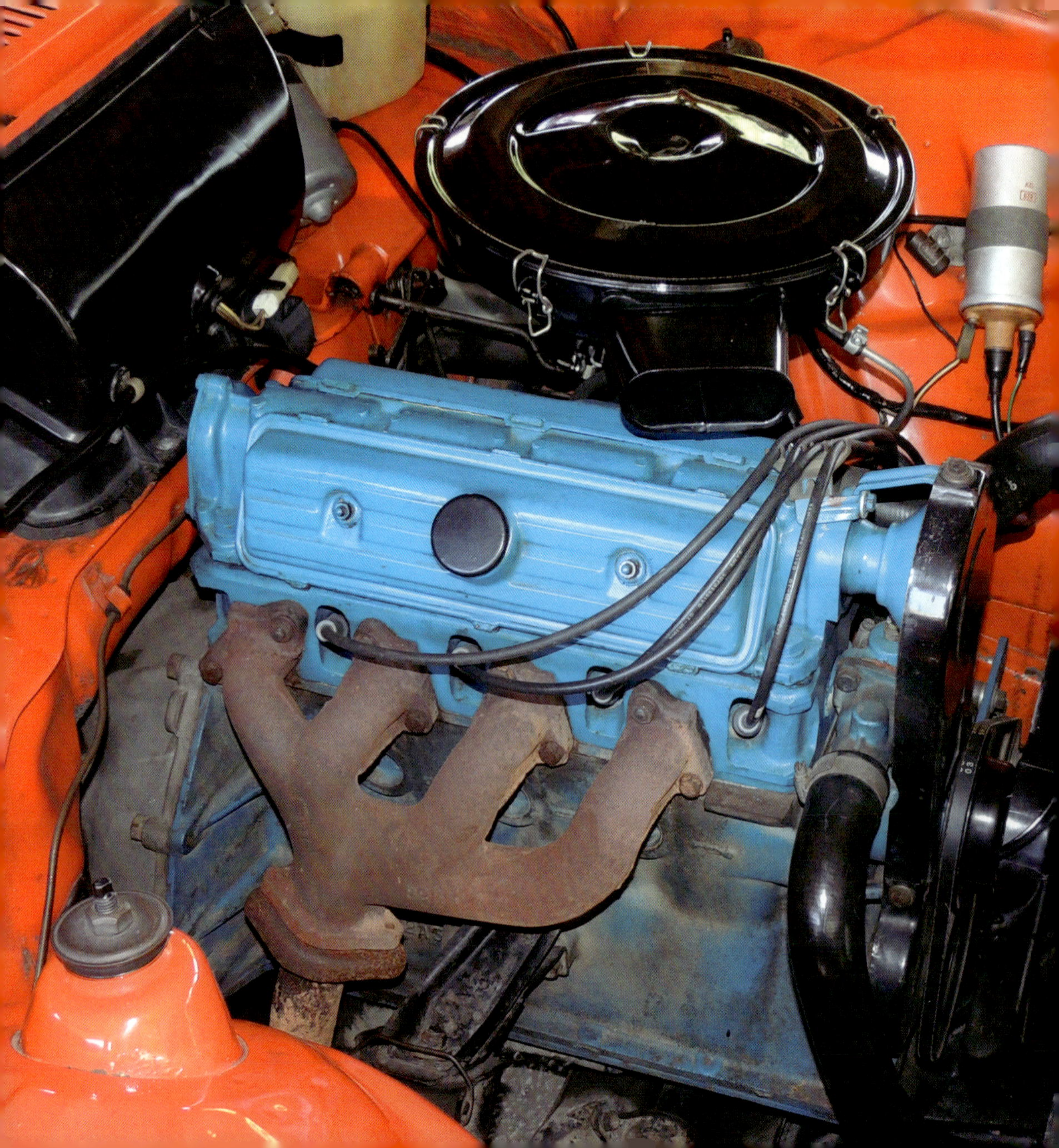

CAPÍTULO 4

DADOS TÉCNICOS

FICHA TÉCNICA

Os dados a seguir são referentes ao modelo 1974. Todas as mudanças que o modelo sofreu durante os anos foram descritas ao longo do texto.

MOTOR

Tipo: dianteiro, quatro cilindros em linha
Diâmetro: 82 mm
Curso: 66,2 mm
Cilindrada total: 1.398 cc
Taxa de compressão: 7,3:1
Numero de mancais: 5
Comando de válvulas: único no cabeçote, movido por correia dentada
Potência máxima: 68 HP (SAE) a 5.800 rpm
Torque máximo: 9,8 kgm a 3.200 rpm
Carburador: DFV 32 mm, difusor 28 de corpo simples

FREIOS

Tipo: duplo circuito hidráulico
Dianteiro: tambor (disco opcional)
Traseiro: tambor

TRANSMISSÃO

Câmbio: quatro marchas à frente e uma a ré
Relações das marchas: 1ª) 3,75:1; 2ª) 2,16:1; 3ª) 1,38:1; 4ª) 1,00:1; ré) 3,80:1
Eixo traseiro: rígido
Relação do diferencial: 4,10:1

SUSPENSÃO

Dianteira: independente, por molas helicoidais, tensores, barra estabilizadora e amortecedores telescópicos de dupla ação, sobrepostos à bandeja superior
Traseira: molas helicoidais, braços tensores, barra estabilizadora, estabilizadores laterais, e amortecedores telescópicos de dupla ação

SISTEMA DE REFRIGERAÇÃO

Tipo: à água, de circuito convencional, com termostato na entrada da bomba d'água

SISTEMA DE ALIMENTAÇÃO

Tanque: traseiro
Bomba de gasolina: mecânica
Afogador: manual
Filtro de ar: seco

SISTEMA DE IGNIÇÃO

Velas: Delco General 41 LTSE
Folga: 0,7 mm
Ordem de ignição: 1-3-4-2
Folga do platinado: 0,40 mm
Ângulo de permanência do platinado: 48 a 50

SISTEMA DE LUBRIFICAÇÃO DO MOTOR

Tipo: lubrificação forçada e bomba centrífuga

DIREÇÃO

Coluna: não penetrante
Caixa tipo: pinhão e cremalheira
Redução: 18,75:1

SISTEMA ELÉTRICO

Tipo: alternador
Tensão: 12 volts
Intensidade da corrente: 28 A
Bateria: 42 placas, 36 A/h

RODAS E PNEUS

Pneus: 155-13 (opcional: 165-13)
Aro: 4,5 polegadas (opcional: 5 polegadas)

DIMENSÕES E PESOS

Distância entre eixos: 2,39 m
Bitola traseira: 1,30 m
Bitola dianteira: 1,30 m
Comprimento total: 4,12 m
Largura total: 1,57 m
Altura: 1,32 m
Distância mínima do solo: 12 cm
Peso em ordem de marcha: 880 kg

FONTES DE CONSULTA

LIVROS

LATINI, Sydney A. *A implantação da indústria automobilística no Brasil* – Da substituição de importações ativa à globalização passiva. São Paulo: Editora Alaúde, 2007.

General Motors do Brasil – 70 anos de história. São Paulo: Premio, 1995.

REVISTAS

Auto Esporte. São Paulo: FC Editora.

Mecânica Popular. São Paulo: FC Editora.

Motor 3. São Paulo: Editora Três.

Quatro Rodas. São Paulo: Editora Abril.

CRÉDITO DAS IMAGENS

Abreviações: a = acima; b = embaixo; c = no centro; d = à direita; e = à esquerda.
Na falta de especificações, todas as fotos da página vieram da mesma fonte.

Páginas 13b, 14b, 15, 20a, 92/93, 95-9: Rogério Ferraresi.
Páginas 4, 5, 10, 24/25, 27-9, 32/33, 30, 37a, 40, 41, 45, 47a, 48, 49, 50be, 51, 52ae, 53e, 59, 60, 64, 71e, 73ad, 77b, 80e, 82, 85, 88-91, 102/103: Rogério de Simone.
Páginas 13a, 14a: revista *Quatro Rodas*.
Pagina 17b: Arquivo Cesar Antonio Confortine.
Páginas 12, 17a, 18, 19, 20b, 21, 22, 26d, 35d, 38d, 39, 42, 43, 44, 50bd, 52ad, 53d, 55ad, 55ac, 55ae, 62, 86: General Motors do Brasil.
Páginas 9, 23, 26e, 34, 35e, 37b, 38e, 46, 52b, 54, 57, 58, 61, 67, 73ae, 73b, 75, 78, 79, 80c, 81, 83, 84, 87b, 101: Propaganda de época.
Paginas 56bd, 56be, 68/69: Atos R. Fagundes – Revista *Classic Show*.
Páginas 47b, 55b, 63, 71d, 72, 77a: Cedoc Anfavea.
Pagina 50a: José Gilberto Alves Braga Junior.
Página 87a: Leandro de Sá Costa.

AGRADECIMENTOS

Nenhuma obra automobilística seria possível de ser feita sem a importante colaboração de pessoas muito especiais, para as quais deixamos nossos profundos agradecimentos:

Por emprestarem seus carros para fotografias que ilustram o livro, agradecemos: Carlino Gerbi Junior, André Silva Araujo, Davi da Silva Pereira, Cesar Antônio Confortini, Denis Henrique Campos, José Antunes, Ricardo Alexandre dos Santos Fernandes, Leandro de Sá Costa, Adalberto Ademar de Andrade, Neri José Perozzo, José Gilberto Alves Braga Junior, Fernando Gordilho Vieira, Aníbal Prado Santos e Paulo Ricardo Stracke.

Agradecimentos especiais a: Victor Eduardo Orenhas, do Chevette Clube do Brasil, que, além das fotos do seu carro, dedicou seu tempo na revisão das informações do livro. À equipe da revista *Classic Show* (Atos R. Fagundes, Sandro Mendes Alf, Thiago Berton e Alessandro J. Toniazzo), por sempre nos ajudarem a enriquecer os livros com fotos de seu arquivo. A Bob Sharp, pela leitura técnica do texto, a Claudia, do Cedoc da Anfavea, pela ajuda na pesquisa iconográfica, e, finalmente ao amigo Mário Cesar Busian.

Conheça os outros títulos da série:

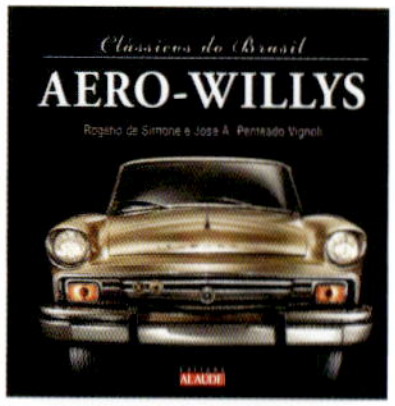

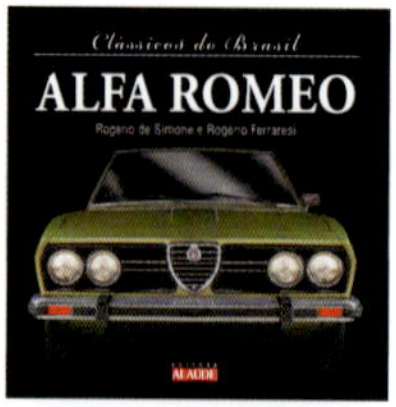

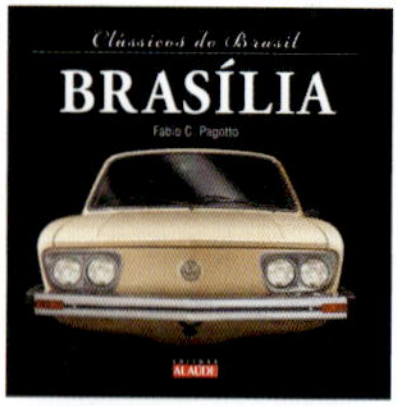

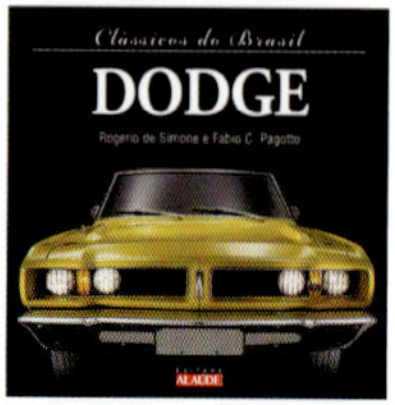

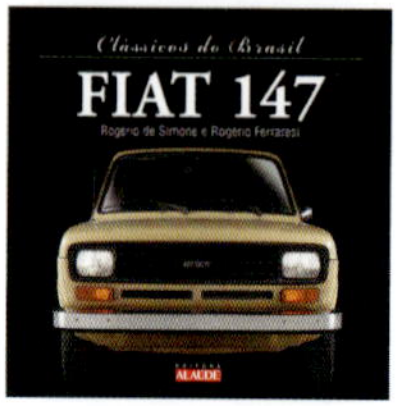

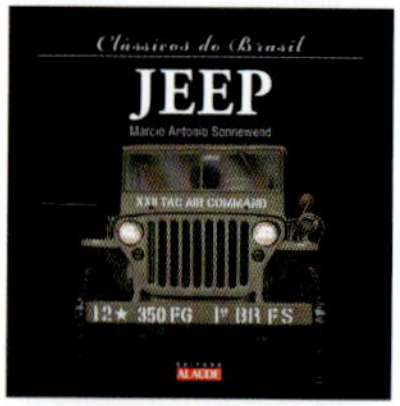

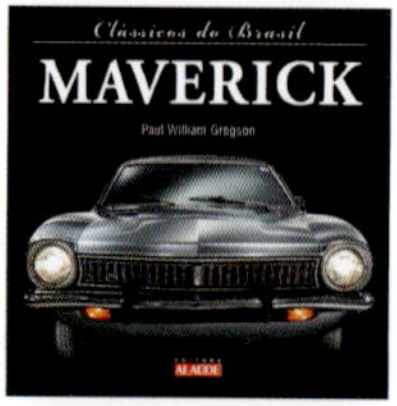

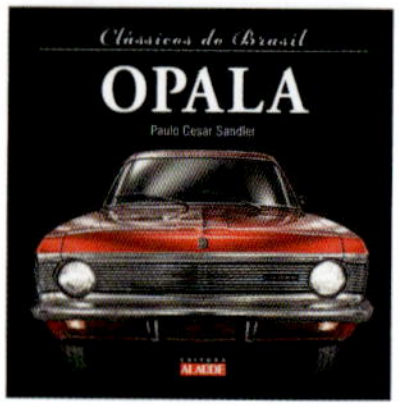